Johann Riedl

Kurze Geschichte des Landes Salzburg

Johann Riedl

Kurze Geschichte des Landes Salzburg

ISBN/EAN: 9783743358621

Hergestellt in Europa, USA, Kanada, Australien, Japan

Cover: Foto ©ninafisch / pixelio.de

Manufactured and distributed by brebook publishing software (www.brebook.com)

Johann Riedl

Kurze Geschichte des Landes Salzburg

Kurze Geschichte

des

Landes Salzburg.

Von

Johann Riedl,

k. k. Hauptmann.

Salzburg 1869.

Verlag von Dieter & Comp.

Inhalts-Verzeichniss.

	Seite
Aelteste Geschichte	1
Salzburgs Erhebung zum Erzbisthum	8
Von der ersten Säcularisation des Erzstifts bis zur Emigration	39
Von der Emigration bis zur zweiten Säcularisation	78
Salzburg als weltlicher Staat unter Churfürst Ferdinand	91
Salzburgs erste österreichische Periode	95
Salzburg unter französischer Administration	97
Salzburg eine baierische Provinz	99
Salzburg wieder österreichisch	101
Salzburg eine selbstständige Provinz des österreichischen Kaiserstaates	105
Anmerkungen	111

Aelteste Geschichte.

So dunkel und ungewiss die ersten ~~~~ ~~~~ ~~~~ ~~~~
Länder ist, eben so ~~~~ ~~~~ ~~~~ ~~~~ ~~~~ ~~~~
über die geschichtlichen Zustände ~~~~ ~~~~ ~~~~ ~~~~
des heutigen Landes Salzburg ~~~~ ~~~~ ~~~~ ~~~~
lieferung berechtigt uns aber zu ~~~~ ~~~~ ~~~~ ~~~~
hauptung, daß ~~~~ ~~~~ ~~~~ ~~~~ ~~~~ ~~~~
Land von den Celten bewohnt war ~~~~ ~~~~ ~~~~
Landes durch die Römer hinzu ein ~~~~ ~~~~ ~~~~
mächtige Volk hatte vor der römischen ~~~~ ~~~~
den von den Celten bewohnten ~~~~ ~~~~ ~~~~
bis zur ungarischen Ebene ~~~~ ~~~~.
   Unter der Herrschaft des Kaisers Augustus ~~~~
v. Chr. wurde von ~~~~ ~~~~ ~~~~ ~~~~ ~~~~
der ganze Landstrich ~~~~ ~~~~ ~~~~ ~~~~ ~~~~
worfen. Die einzelnen ~~~~ ~~~~ ~~~~ ~~~~
richtung und Verwaltung ~~~~ ~~~~ ~~~~ ~~~~
Noricum vom heutigen ~~~~ ~~~~ ~~~~ ~~~~
Inn sich erstreckte und ~~~~ ~~~~ ~~~~ ~~~~
begriff. Noricum wurde ~~~~ ~~~~ ~~~~ ~~~~
ufer- und binnenländische ~~~~ ~~~~ ~~~~ ~~~~
ersteres reichte vom rechten Ufer der Donau bis ~~~~
letzteres bis an Italiens Gränze.

Aelteste Geschichte.

So dunkel und sagenreich die älteste Geschichte der meisten Länder ist, eben so spärlich sind die Nachrichten aus frühester Zeit über die geschichtlichen Thatsachen, deren Schauplatz die Gegenden des heutigen Landes Salzburg waren. Die geschichtliche Ueberlieferung berechtigt uns aber mit ziemlicher Gewißheit zu der Behauptung, daß schon lange (ungefähr 100 Jahre) v. Chr. dieses Land von den Celten bewohnt war. [1]) Erst die Eroberung des Landes durch die Römer bringt uns genauere Kunde, denn dieses mächtige Volk hatte von den cymbrischen Kriegen an allmälig den von den Celten bewohnten großen Länderstrich vom Rhein bis zur ungarischen Ebene kennen gelernt.

Unter der Herrschaft des Kaisers Augustus um das Jahr 15 v. Chr. wurde von seinen beiden Stiefsöhnen Drusus und Tiberius der ganze Landstrich erobert und der römischen Herrschaft unterworfen. Die einzelnen Hauptgebiete desselben erhielten die Einrichtung und Verwaltung römischer Provinzen, worunter die Provinz Noricum vom heutigen Kahlenberge und Wienerwalde bis an den Inn sich erstreckte und somit unser ganzes Land Salzburg in sich begriff. Noricum wurde später wieder getheilt und zwar in das ufer- und binnenländische Noricum (ripense und mediterraneum); ersteres reichte vom rechten Ufer der Donau bis an die Tauern, letzteres bis an Italiens Gränze.

Unter römischer Herrschaft begann sich die Kultur in den Alpenländern und so nach und nach auch in unserem Lande zu heben, wovon zahlreiche, noch immer sich mehrende Denkmäler und andere Funde Zeugniß geben. ²) Der bedeutendste Ort des Landes war Juvavum an der Stelle der heutigen Stadt Salzburg, welches vom Kaiser Hadrian zum Range einer römischen Pflanzstadt erhoben wurde.

Läßt sich auch der Umfang des römischen Juvavum nicht mehr sicher feststellen, so dürfte denn doch auf Grund der aufgefundenen römischen Denkmäler geschlossen werden, daß dasselbe in seiner größten Ausdehnung am linken Ufer der Salzach (Ivarus, später Igonta) den Festungs- und Mönchsberg einbezogen habe. Auf das rechte Ufer dieses Flußes scheint sich die Stadt nicht erstreckt zu haben; dort war aber gegenüber dem Festungsberge der große Begräbnißplatz der Stadt, was die Ausgrabungen an jener Stätte, welche gegenwärtig Bürglstein genannt wird, außer Zweifel stellen. ³)

Während der Regierungszeit des Kaisers Septimus Severus, welche um die Wende des zweiten und dritten Jahrhunderts n. Ch. fällt, gewann Noricum an Bedeutung, denn dieser Herrscher legte nach verschiedenen Richtungen Straßen an, darunter auch jene von Virunum und Teurnia im heutigen Kärnten über Juvavum nach Laureacum (Lorch) an der Donau, welche Straße unser Land von Süd nach Nord durchzog und wovon uns die römischen Meilensteine hinreichendes Zeugniß geben. ⁴)

Schon im dritten Jahrhunderte wanderte in Noricum die christliche Lehre durch die Römer ein. Noricum erhielt bereits um diese Zeit zu Lorch (bei Enns in Oberösterreich) einen Bischofssitz. Später mit Anfang des 4. Jahrhunderts trugen die Dekrete des Kaisers Constantin wesentlich zur Verbreitung des Christenthumes bei. Auch in unseren Gegenden fanden sich Geistliche, Priester und Mönche ein, denen wir insbesondere die ersten Aufzeichnungen zu verdanken haben.

Im fünften Jahrhunderte durchwanderte der h. Severin, der Apostel des Ufernoricums diese Gegenden; er fand in Juvavum den Priester Maximus mit mehreren Gehilfen und zu Cucullä, dem jetzigen Kuchel, eine Kirche und christliche Gemeinde mit regelmäßigem Gottesdienste.

Was die Verfassung Noricums anbelangt, so war dieselbe denen anderer römischen Provinzen gleich. Die Römer konnten jedoch nicht friedlich die Früchte ihrer Colonisirung genießen, denn immer mächtiger wurde mit dem fünften Jahrhunderte das Wogen und Drängen der barbarischen und vorwiegend germanischen Völkerschaften, die von Norden und Osten her die Reichsgränze der Donau trotz ihrer Kette von Bollwerken durchbrachen, die günstigsten Strecken zu ihren Niederlassungen in den römischen Gebieten wählten und, kaum im Besitze, entweder freiwillig wieder aufgaben oder daraus gewaltsam verdrängt wurden.

Der Sturm der **Völkerwanderung** brach unaufhaltsam über das Römerreich herein. Auch Noricum erfuhr nacheinander die Einfälle der Gothen, Franken und Sachsen, und hatte hiedurch bedeutend gelitten. Hatte es sich kaum erholt von den Verheerungen der Gothen unter Alarich im J. 408, so zogen um 451 die wilden Horten der Hunnen unter Attila sengend und brennend durch das Land und zerstörten auch das schöne Juvavum. Ueber dessen Trümmer fiel endlich um 477 Odoaker mit den Herulern her, um das begonnene Zerstörungswerk zu vollenden.

Bei diesem Untergange Juvavums geschah es, daß der fromme Priester Maximus, welcher ungeachtet der Warnung des h. Severin die Stätte seines christlichen Wirkens nicht verlassen wollte, sammt seinen Genossen von den Barbaren ermordet wurde. [5])

Theodorich, König der Ostgothen, machte der Herrschaft der Heruler ein Ende; sie, die das römische Reich stürzten, mußten Italien und auch Noricum verlassen, welches nun eine Provinz des ostgothischen Reiches wurde.

Nun trat aber wieder eine Zeit des Rückschrittes ein, denn viele Bewohner hatten sich in andere Gegenden geflüchtet, nur durchziehende Horden hielten in diesen Gegenden Standquartiere auf ihren Zügen, die Bevölkerung nahm stets mehr ab und die während der Römerherrschaft gewonnene Kultur versank nach und nach immer mehr.

Dieß mag wohl die größte Veranlassung gewesen sein, daß Theodorich nicht hindernd auftrat, als um das J. 508 die Bojaren sich in Rhätien und auch im Noricum festsetzten und beide große Länder bleibend in Besitz nahmen. Sie erhielten Herzoge aus dem fränkischen Geschlechte der Agilolfinger. Der Name Noricum verschwand und der Name Bajuvavien oder Bavarien — Baiern — trat nun an dessen Stelle. Die Gränzen bildeten im Osten die Leitha, im Westen der Lech. Das Land wurde unter seinen Herzogen eine Provinz des großen Frankenreiches.

In welcher Reihenfolge und welches Namens die Herzoge dieser Provinz waren, ist wohl nicht mit Bestimmtheit zu behaupten, gewiß scheint nur die von den Geschichtschreibern angenommene Thatsache zu sein, daß ungefähr 612 ein Herzog Theodo Herr dieses Länderstriches war.

Dieser nun entschloß sich auf Anbringen seiner Gemalin den christlichen Glauben anzunehmen und berief deshalb den aus Worms eben vertriebenen Bischof

Rupert an seinen Hof nach Regensburg. Dieser heilige Mann war bestimmt, der Apostel und Gründer des heutigen Salzburg zu werden. Er trat, nachdem er den Baiernherzog getauft hatte, mit dessen Bewilligung eine Wanderung durch ganz Noricum an. Die genaue Bestimmung des Zeitpunktes, wann Rupert in die Gegend des heutigen Salzburg kam, bildet schon durch Jahrhunderte eine geschichtliche Streitfrage, in welche wir uns jedoch nicht einlassen können. Für diese Darstellung ist es genügend anzuführen, daß Bischof Rupert aller Wahrscheinlichkeit nach um das Ende des 7. Jahrhunderts bis an die Gränzen Panoniens, von dort zurück über Lorch an den Wallersee gekommen sei, wo er eine kleine Kirche zu Ehren des hl. Petrus erbaute.

Als nun Rupert an die Stätte des zerstörten Juvavums kam, mochte wohl die Lage dieses Ortes und die Kenntniß von dem Martertode des h. Maximus hauptsächlich beigetragen haben, daß er den

Herzog Theodo um die Bewilligung bat, diesen Ort zur Hauptstätte seines christlichen Wirkens wählen zu dürfen. Er erhielt nicht nur diesen verödeten Raum, sondern auch eine Strecke Landes längs des Flußes und erbaute an dem Mönchsberge eine Kirche zu Ehren der hh. Apostel Peter und Paul und ein Kloster für Jene, welche ihm bei Verbreitung des christlichen Glaubens halfen und sich dem Dienste der Kirche widmeten.

Weitere Geschenke des genannten bairischen Herzogs und seiner frommen Gemalin Regintrud gaben ihm die Mittel an die Hand ein zweites Kloster zu stiften, für welches er eine Verwandte Namens Ehrentraud bestimmte; dadurch entstand das Frauenkloster auf dem Nonnberg.

Rupert betrachtete die hier gegründete Kirche als die Hauptstätte seines Wirkens und wollte zur Verbreitung des Glaubens mehrere von hier abhängige Kirchen stiften. Die erste derartige Einrichtung finden wir an der Stelle des heutigen Bischofhofen im Pongau, wo die Kirche zu Ehren des h. Maximilian, gewesenen Bischofes zu Lorch, erbaut wurde. Bis in's Unterinn- und Pusterthal erstreckte sich die unermüdete Thätigkeit dieses Glaubensapostels und um die Früchte seines segensvollen Wirkens zu sichern, bestimmte er noch bei Lebzeiten selbst seinen Schüler und steten Begleiter **Vital,** zum Nachfolger, welcher dieses Amt nach Ruperts Tode im J. 723 antrat und in der Verbreitung des göttlichen Wortes gleich seinem erhabenen Vorgänger wirkte. Die Bekehrung der damals noch heidnischen Bewohner Pinzgau's (der Ambisontier) war Vitals Werk, weßhalb er auch häufig mit dem Beinamen: „Apostel der Pinzgauer" benannt wird.

So wie die Verehrung Ruperts als Heiliger vom päpstlichen Stuhle im Jahre 1459 bestätigt wurde, so erhielt die ganze Diözese Salzburg zur Verehrung Vitals die Bewilligung vom Papste Urban VIII. im J. 1628.

Nach Vital's Tode nennt uns die Geschichte als Nachfolger: **Flobargus,** nach dessen Tode im J. 739, durch den h.

Bonifaz, welcher die Würde eines apostolischen Legaten bekleidete, für das erledigte Bisthum der Bischof **Johannes I.** aus England berufen wurde. Genau läßt sich die Wirkungsperiode dieses Bischofes nicht angeben, aber um das J. 745 folgte

Virgil. Irländer von Geburt, kam er während seiner Wanderungen nach Frankreich, wo er die Bekanntschaft des Majordomus Pipin machte, an dessen Hofe er einige Jahre zubrachte und durch Frömmigkeit und Gelehrsamkeit sich gleich auszeichnete. Seine Behauptung, daß es Antipoden gebe, zog ihm die Unzufriedenheit des h. Bonifaz sowohl, wie auch des damaligen Papstes Zacharias zu, denn sie fanden hierin ketzerische Ansichten. Selbst nachdem Herzog Ottilo auf Pipins Rath Virgil in das Bisthum Salzburg eingesetzt hatte, bedingte Bonifaz zur Ertheilung der Weihe die Entsagung von dieser Ansicht, da Virgil jedoch dieß nicht that, so verwaltete er die Diözese bis zu Bonifaz Tode als ungeweihter Bischof und stellte einen Weihbischof an.

Virgil erbaute eine Kirche zu Ehren des h. Rupert, welche für die bischöflichen Verrichtungen bestimmt, die Domkirche war; deßhalb sehen wir ihn mit einem Kirchenmodelle in der Hand abgebildet.

Virgils Sorge wendete sich besonders dem Pongau zu, das seit den Einfällen der Carantanier wüst und öde lag, denn die durch den h. Rupert gestiftete Kirche war zerstört und die begonnenen Spuren christlicher Lehre sehr wenig mehr erkennbar. Virgil sandte Priester in diese Gegend, um durch neue Ansiedlungen die Kultivirung anzubahnen und das Christenthum zu verbreiten. Mächtig behilflich waren bei diesem Wirken die nun geänderten Verhältnisse des Nachbarstaates, denn die Herzoge von Kärnthen bekehrten sich nun selbst zur christlichen Lehre, ja Virgil wurde sogar um Sendung von Priestern in jene Gegenden gebeten, welcher Umstand die Veranlassung zu den späteren bedeutenden Besitzerwerbungen gegeben haben dürfte. Virgil starb im J. 784. Die Wahl zur Nachfolge fiel auf

Arno. Zum klaren Verständnisse des nun folgenden Zeitabschnittes müssen wir die allgemeinen Verhältnisse in's Auge fassen, wie solche durch Karl des Großen Thronbesteigung sich gestalteten.

Bei der bedeutenden Machtverstärkung, welche die Gränzen des Frankenreiches so bedeutend erweiterte, wurden durch diesen weisen und mächtigen Regenten auch im Innern seines großen Reiches Veränderungen hervorgerufen, welche theils eine neue Begränzung der einzelnen Gebietstheile bedingten, anderseits aber auch das bisherige Hoheitsrecht über diese Provinzen änderten.

Tassilo, bisheriger Herzog des Baiernlandes wurde abgesetzt und dieses Gebiet als eine fränkische Provinz durch Grafen verwaltet, über welche Karl die Oberaufsicht Bischöfen und sonstigen Grundherren überantwortete.

Nun stand das Bisthum Salzburg unmittelbar unter dem fränkischen Kaiser, und von unberechenbarem Einfluß war es, daß Arno von Karl dem Großen gekannt und wegen seiner ausgezeichneten Gelehrtheit geschätzt war.

Wie dieses großen Regenten weises Streben stets den Ruhm und die Wohlfahrt seiner Völker bezweckte, in demselben Sinne wirkte Arno in seinem Bisthume. Er ließ ein genaues Verzeichniß aller Besitzungen des Bisthums anlegen. [6]) 796 geschah die Einverleibung Kärnthens zur Provinz Baiern und Arno, welcher nun auch die Bekehrung der Bewohner dieses Landes unternahm, erhielt von Karl dem Großen den dritten Theil jener Länder, deren Bewohner zum Christenthume bekehrt würden, zugesagt, wodurch sich die Besitzungen des Bisthums wesentlich vergrößerten.

Außer Arno waren aber in Baiern noch andere Bischöfe, nicht so in den altfränkischen Ländern; dort war über mehrere Bischöfe wieder ein Oberhaupt als Erzbischof gesetzt und diese Einrichtung wollte auch Karl der Große auf Baiern ausdehnen. Er sandte deshalb den Bischof Arno nach Rom, um mit Papst Leo III. hierüber zu unterhandeln. Nicht nur, daß der Papst mit dieser für die Wahrung der kirchlichen Interessen vortheilhaften Verfügung einverstanden war, sondern daß Kaiser und Papst als den würdigsten für diese neue Stelle den Bischof Arno erkannten, war das Resultat. So war nun Arno der erste Erzbischof in der damaligen bairischen Provinz und dadurch

Salzburg zum Erzbisthume

erhoben. Dieß geschah 798. Die Bisthümer, welche zum nunmehrigen Erzbisthum gehörten, somit Suffraganate bildeten, waren: Seben (später Brixen), Passau, Freising, Regensburg und Neuburg (letzteres 801 wieder abgetrennt).

Diese Unterordnung war jedoch nur in kirchlichen und geistlichen Angelegenheiten. Arno war Kirchenfürst der fränkischen Provinz Baiern. Nun müssen wir aber auch die Stellung Salzburgs in weltlicher Hinsicht betrachten.

Bisher waren die Bischöfe nur Grundherren und unterstanden den betreffenden Gaugrafen; alle Abgaben der Unterthanen bezogen die betreffenden Kassen. Arno war der erste, welcher in dieser Richtung große Befreiungen erhielt. Salzburg wurde nun von aller Gerichtsbarkeit der kaiserlichen Beamten sowohl, wie auch von jener der Grafen und Markgrafen losgetrennt und unmittelbar dem Kaiser unterworfen, mithin reichsunmittelbar erklärt.

Es bekam über seine Unterthanen die richterliche Gewalt, es konnte dieselbe durch den Erzbischof selbst oder hiezu Bevollmächtigte (Advokaten oder Vögte) ausgeübt werden und nur die oberste Gerichtsbarkeit blieb der kaiserlichen Macht vorbehalten. Hiedurch hörte Salzburg auf, ein Theil der fränkischen Provinz zu sein, es wurde selbst eine eigene Provinz.

Betrachten wir den damaligen Umfang, so erstreckte sich derselbe vom Ursprunge der Böckla, den Zell- und Mondsee umfassend und die Südspitze des Attersee's berührend, bis etwa an den großen Donnerkogel, von da über die Salzach südöstlich den ewigen Schnee und das steinerne Meer einschließend, dann in der Richtung nach Nordwesten bis zum Passe Strub, von wo aus die Westgränze in gerader nördlicher Richtung, aber stets östlich der bairischen Traun bis an die Mündung derselben bei Altenmarkt in die Alz und mit einem kleinen Umbuge nach Tittmoning sich zog. Die Nordgränze bildete eine vom letzteren Orte beginnende, mehrfach gewundene über das Nordende des Traunsees bis an den Ursprung der Böckla sich ziehende Linie.

Bevor wir diese für Salzburgs Geschichte so wichtige Periode schließen, sei noch bemerkt, daß in Folge der zu Aachen gehaltenen Kirchenversammlung (816) am Dome zu Salzburg die Grodogang'sche Regel eingeführt wurde, nach welcher die Domherren (Canonici St. Roudperti) unter einen Propst und Dekan in klösterlicher Gemeinschaft leben mußten.

Arno's Wirksamkeit erlosch mit seinem 821 erfolgten Tode. Kurz vor seinem Lebensende wurde zur Schlichtung einer Diözesan-Angelegenheit an Kaiser Ludwig den Frommen eine Botschaft abgefertigt und Arno betraute mit diesem Geschäfte seinen Erzpriester **Adalram**, welcher bei dieser Gelegenheit dem Kaiser so wohl gefiel, daß er die erzbischöfliche Würde auf dem Reichstage zu Nimé wegen (821) auf ihn übertrug und sich auch nachdrücklichst verwendete, daß demselben das lange vorenthaltene Pallium durch Papst Eugen II. verliehen wurde. Er war ein Mann von großer Gelehrtheit und eine alte Chronik nennt ihn: „piissimus Doctor". Zwischen ihm und dem Passauer Bischofe entstand wegen geistlicher Gerichtsbarkeit ein Streit, welchen Kaiser Ludwig dahin entschied, daß der Bezirk unter dem Kahlenberge bis an die Raab zum Sprengel des Bisthums Passau, die übrige Gegend Panoniens aber zu jenem der Kirche Salzburg gehöre.

Die große Thätigkeit, durch welche sich Adalram in seinen Verfügungen für die Kirche auszeichnete, veranlaßte Kaiser Ludwig alle bisher erlangten Freiheiten der Metropole Salzburg auf's Neue zu bestätigen und die Einkünfte des Erzbisthums durch namhafte Schenkungen zu vermehren.

Schon am zweiten Tage nach Adalrams Tode (836) wurde **Luipram**, Dekan des Klosters St. Peter zum Erzbischofe erwählt. War diesem Erzbischofe einerseits das Glück beschieden in

Carantanien und Panonien das rasche Vorschreiten des Bekehrungswerkes wahrzunehmen und durch Erbauung von Kirchen beredte Zeugen seiner Thätigkeit zu stiften, so mußte ihn wohl das Unglück umsomehr betrüben, daß der vom h. Virgil erbaute Dom sowohl, wie auch die Kirche zu St. Peter im J. 845 ein Raub der Flammen wurden, da die Einkünfte den Wiederaufbau nicht ermöglichten und eine dießfalls nach Rom unternommene Reise ebenfalls erfolglos war.

Mittlerweile wurden die beiden Gotteshäuser wenigstens nothdürftig für den kirchlichen Dienst hergerichtet. Luipram weihte dieselben nach seiner Rückkehr aus Rom und ließ die vom Papste Leo IV. zum Geschenke erhaltenen Reliquien des h. Hermos feierlich in die Domkirche übertragen.

Sein Schüler

Adalvin aus dem tirolischen Grafengeschlechte der Thauer folgte ihm in der erzbischöflichen Würde. Dieser besetzte die Stelle eines Unterbischofes für Carantanien nach dem Tode Oswalds nicht mehr, sondern zog diesen Bezirk unter seine unmittelbare Aufsicht.

Nur in das entfernte Panonien sandte er einen Erzpriester, welche Stelle jedoch später durch die Ankunft der Missionäre Cyrillus und Methodius ebenfalls einging.

Adalvins Nachfolger

Adalbert I. starb 874, bevor das Pallium aus Rom für ihn anlangte.

Hatten wir früher bei Arno schon bemerkt, daß das Bisthum Neuburg 807 von der Metropole Salzburg getrennt wurde, so müssen wir nun den Abfall eines großen Theils von Panonien erwähnen, da über diese Provinz Erzbischof Methodius gesetzt wurde. König Ludwig der Deutsche ernannte im J. 874

Dietmar I. zum Erzbischofe, welchen einige Jahre darauf Papst Johann zur Schlichtung von kirchlichen Angelegenheiten nach Rom berief, wo er der Krönung Kaisers Karl des Dicken beiwohnte.

Seine Weisheit sowohl in Kirchen- wie auch in Staatsgeschäften wendete ihm das volle Vertrauen Kaiser Arnulfs zu, welcher ihn zum Erzkaplan und Kanzler ernannte und eine Bestätigungs=Urkunde über die dem Erzbisthume Salzburg zugehörigen Kirchen und Güter ausstellen ließ.

Dietmar hielt 899 ein Provinzial=Concil zu Salzburg, in welchem Wiching, damals Bischof zu Passau seiner Würde entsetzt wurde.

Nicht so ruhig wie sein Vorgänger konnte dieser Erzbischof die Früchte seiner allwärts getroffenen Fürsorge genießen, denn wieder nahten Feinde der Christenheit und der Civilisation. Das wilde unruhige Volk der Magyaren war gegen das Ende des 9. Jahrhunderts aus Asien vorgedrungen, sie bekriegten als Bundesgenossen Arnulfs die Mähren, eroberten später Siebenbürgen und nur ihr Bündniß mit Kaiser Arnulf, der übrigens die Gränze des zum deutschen Reiche gehörigen Panonien in Vertheidigungsstand setzen ließ, hielt sie vom Ueberschreiten dieser Gränze ab. Aber kaum war Arnulf gestorben und Ludwig das Kind ihm gefolgt als sie dieses Bündniß für gelöst betrachteten und in Panonien einbrachen.

Sie nöthigten König Ludwig IV. ihnen mit Macht entgegenzurücken. Gleich anderen Bischöfen leistete auch Dietmar Heeresfolge und fand seinen Tod in der für Ludwig unglücklichen Schlacht bei Theben am 11. August 907.

Vieles hatte nun Panonien durch Verheerungen zu leiden und Erzbischof

Pilgrim I., welcher zur Zeit dieser Drangsale die kirchlichen Angelegenheiten leitete, konnte nur Entschädigung darin finden, daß Konrad I., dessen Erzkaplan und Kanzler er war, seiner Metropole mit mehreren bedeutenden Schenkungen gedachte, worunter die wichtigsten jene des königlichen Kammergutes Salzburghofen und die Gold- und Salzzinse in Reichenhall waren.

Der Abfall Deutschlands vom fränkischen Reiche änderte vielfach die früheren Einrichtungen: es wurden die einzelnen Provinzen, wie: Baiern, Schwaben, Franken, Sachsen, Lothringen unter Herzoge gestellt. Arnulf wurde Herzog von Baiern.

Dieser neue Herzog begann den Bisthümern manchen Abbruch zu thun, nur bei Salzburg machte er eine Ausnahme, denn

Adalbert II. wurde von ihm im J. 923 zum Erzbischof ernannt und derselbe verstand es, diesen Herzog in steter Freundschaft zu erhalten. Er bemühte sich die an Kirchen und Klöstern verübten Zerstörungen der letzteren Jahre wieder gut zu machen, und war besonders bedacht, die entfernteren Grundbesitze gegen näher liegende zu vertauschen. Seine Thätigkeit hemmte der Feldzug Arnulfs nach Italien, welchen dieser Erzbischof ebenfalls mitmachte; bald nach Beendigung desselben (935) starb er.

Nach seinem Tode ernannte Herzog Arnulf

Egilolf zum Erzbischofe, welchem nach vier Jahren 939 **Herold**, ein Graf Scheyern von Wittelsbach auf dem erzbischöflichen Stuhle folgte.

Hatte bisher Salzburg durch kluge Neutralität sich den unter den Herzogen ausgebrochenen Streitigkeiten ferne zu halten gewußt, so war dieß nun nicht mehr der Fall, denn als Kaiser Otto der Große, welcher der salzburgischen Kirche die Grafschaft Krapfeld in Kärnten und mehrere Besitzungen in Baiern schenkte — seinen Bruder Heinrich in das durch Arnulfs Tod erledigte Herzogthum Baiern einsetzte, verband sich Herold mit seinem Verwandten, dem Sohne des verstorbenen Herzogs, welcher ebenfalls Arnulf hieß, um demselben die verlorene Herzogswürde zu erkämpfen. Er trat mit anderen Prälaten und Edlen des Landes an die Seite seines Vetters und rief sogar die Hilfe der Ungarn an. Doch die kaiserliche Partei siegte, der Erzbischof wurde zu Müldorf gefangen und mußte nebst seiner Entsetzung das Unglück erleben, daß ihn Herzog Heinrich des Augenlichts berauben ließ.

An seine Stelle trat

Friedrich I. aus dem Geschlechte der Grafen von Chiemgau, wie durch Geburt, auch durch seine trefflichen persönlichen Eigenschaften hervorragend.

Bei der stets wachsenden Größe des Erzstiftes und der dadurch hervorgerufenen oft längeren Abwesenheit der Erzbischöfe hatten im Kloster St. Peter, dessen Vorsteher der jeweilige Kirchenfürst war, Unordnungen begonnen, die Kloster-Disziplin war gelockert und die

in diesem Jahrhunderte überhand genommene Sittenlosigkeit hatte
auch dort Eingang gefunden.

Friedrich suchte den allgemeinen Mißbräuchen dadurch zu steuern,
daß die bischöflichen Suffraganatssitze von würdigen und gelehrten
Männern besetzt wurden. Um im Kloster St. Peter die Ordnung herzustellen und Bürgschaft für deren fernere Beibehaltung zu
erzielen, machte er dieses Stift selbstständig, indem er demselben
einen eigenen Vorsteher, somit den ersten Abt in der Person des
damaligen Dompropsten Tito gab. Er trennte von den erzstiftlichen
Gütern mehrere ab und wies solche als Dotation dem Kloster zu,
ebenso wurden mehrere Kirchen, darunter auch die St. Michaels-
kirche zu Salzburg dem Stifte übergeben.

In den weltlichen Angelegenheiten sorgte dieser Erzbischof nicht
minder zum Besten seines Stiftes, er ließ sich durch Kaiser Otto
sowohl, wie durch Papst Innocenz alle Güter, Rechte und Freiheiten neuerdings bestätigen und setzte das Werk einer möglichsten
Arrondirung, das Adalbert II. begann, mit Eifer fort.

Wie sehr das hervorragende Wirken dieses Kirchenfürsten anerkannt wurde, geht wohl daraus hervor, daß Papst Benedict VI.
im J. 975 eine Bulle erließ, welche nicht nur die Salzburger
Metropolitanrechte neuerdings im vollen Umfange bestätigte, sondern
den Erzbischof zum apostolischen Stellvertreter der ganzen norischen
Provinz und für Ober- und Unter-Panonien ernannte.

Erst sechs Monate nach Friedrichs Tode (991) fiel die Wahl
zur Nachfolge auf

Hartwik, Graf von Sponheim. Während dem 24jährigen
Walten dieses durch seine Frömmigkeit und hinreißende Beredsam-
keit berühmten Mannes erhielt das Erzstift nicht nur bedeutende
Zuwächse an Ländereien, sondern Kaiser Otto III. verlieh 995 diesem Erzbischofe das Recht Münzen zu prägen, öffentliche Freimärkte
zu halten und ein Mauthamt zu errichten.

Nicht minder wohlthätig war Kaiser Heinrich II., für dessen
fromme Gesinnung am deutlichsten die Erbauung der gegenwärtigen
Kirche auf dem Nonnberge spricht, durch welchen Bau er sich das

schönste Denkmal für sein jede Zeit überdauerndes Wirken setzte. Die Einweihung der Kirche geschah 1009 in Gegenwart des Monarchen und seiner kaiserlichen Gemalin.

Nach Hartwiks Tode ernannte Kaiser Heinrich seinen Kanzler **Gunthar**, Markgrafen von Meißen, zu dessen Nachfolger, welcher jedoch bereits nach zweijähriger Wirksamkeit in dieser Würde starb.

Dietmar II. folgte ihm durch Wahl des Kapitels. Sowie seine beiden Vorfahren, war auch er apostolischer Stellvertreter, erhielt jedoch vom Papste Johann XIX. 1026 noch die Befugniß, bei kirchlichen Feierlichkeiten sich das Kreuz vortragen zu lassen und auf einem rothgezierten Pferde zu reiten.

Dietmar war ein treuer Anhänger Kaiser Konrads, er begleitete denselben 1027 auf seinem Krönungszuge nach Rom und war auf den Reichsversammlungen dieses Monarchen, sowie seines Sohnes Kaiser Heinrich III. anwesend. Bedeutende Schenkungen kamen durch solch' günstiges Verhältniß an die Kirche.

Eben so förderlich war dieses gute Einvernehmen unter dem Nachfolger

Balduin (1041), denn auch dieser war früher Erzkanzler Heinrichs III. und demselben sehr ergeben. Eine seiner ersten Handlungen war die Einweihung der Kirche zu Gurk, durch deren Stifterin Hemma Gräfin von Beilstein, dem Erzbisthum bedeutende Güter zufielen. Balduin begleitete den Kaiser bei seinem Zuge nach Rom, wohnte der Krönung bei und kehrte erst dann mit demselben aus Italien zurück. Diese stete Anhänglichkeit lohnte Heinrich durch große Schenkungen und die Verleihung des vollständigen Jagdrechtes. Selbst der minderjährige Heinrich IV., welcher 1056 zur Regierung kam, zeigte die besten Gesinnungen gegen das Erzbisthum und stellte einen erneuten Bestätigungsbrief über alle Rechte und Freiheiten aus.

Balduin beschloß seinen irdischen Lebenslauf im J. 1060.

Gebhard, aus dem Geschlechte der Grafen von Helfenstein, wurde 1055, nachdem er sich in Paris zu einem ausgezeichneten Gelehrten gebildet hatte und Canonicus an der Domkirche Salzburg geworden war, von Erzbischof Balduin zum Priester geweiht. Durch seine gediegenen Kenntnisse erhielt er vom Kaiser Heinrich III. die Ernennung zum Erzkanzler, welche Stelle er später auch bei Heinrich IV. bis zu Balduins Tode bekleidete, nach welchem ihn die einstimmige Wahl zur Würde des Erzbischofs erhob. Bald nach Antritt des obersten Hirtenamtes erfolgte die kaiserliche Bestätigung aller Rechte und Freiheiten des Erzstiftes. Da schon seit vielen Jahren nach einigen Gegenden Panoniens und Carantaniens keine Bischöfe gesendet wurden, und dieser Umstand bei Gebhard die Befürchtung hervorrief, daß das Priesterthum sowohl wie die Verbreitung des christlichen Glaubens dort Schaden erleiden könnte, gründete er mit Bewilligung des Papst Alexander und Kaiser Heinrichs zu Gurk ein Bisthum und zwar mit dem Rechte, daß Ernennung und Einweihung für alle Zeiten dem Salzburger Erzbischofe zustehe. Auch eine Pflanzschule für christliche Bildung wollte Gebhard ins Leben rufen und führte sein Vorhaben durch die Erbauung des Klosters Admont aus, wohin er einige Klosterbrüder von St. Peter aus Salzburg bestimmte.

Die Stiftung des Klosters zu Michelbeuern fällt ebenfalls in diese Zeit.

Diese für den Wohlstand des Landes Salzburg und die Entwicklung seiner kirchlichen Angelegenheiten schöne Periode wurde leider bald getrübt, denn die nun ausbrechende Spaltung zwischen Kaiser und Papst blieb nicht ohne nachtheilige Einflüße.

Unter die Rechte der Könige und Kaiser gehörte bisher die Bestätigung der Bischöfe und Erzbischöfe, welche nach der geschehenen Wahl oder nach ihrer Ernennung sich vorstellten und die Investitur oder Belehnung empfingen, welche Ceremonie in der Anstedung eines Ringes und in der Uebergabe des Bischofstabes bestand. Gregor VII., welcher 1073 den päpstlichen Stuhl bestieg, bestritt gegen den Kaiser nicht nur das Recht der Bestätigung von Bischöfen und Erzbischöfen, sondern insbesondere die Uebergabe der beiden geistlichen Ehrenzeichen, wogegen jedoch Kaiser Heinrich IV. protestirte.

Endlich kamen 1075 darüber die Feindseligkeiten zum Ausbruche, der Kaiser berief die ihm treu gebliebenen Kirchenfürsten nach Worms und beschloß die Absetzung Gregors. Der Papst hingegen versammelte die ihm gleichgesinnten Bischöfe zu Rom, erklärte Kaiser Heinrich als von Kirche und Reich ausgeschlossen und ermahnte die Deutschen zur Vornahme einer neuen Kaiserwahl.

Gebhard hing der päpstlichen Partei an, er wohnte persönlich der Versammlung zu Forchheim (1077) bei, in welcher der Gegenkaiser Rudolf gewählt wurde.

Der Erzbischof erkannte wohl die damit verbundene Gefahr für das Land, er baute an den Festungen Hohensalzburg und Werfen, um dieselben in besten Vertheidigungsstand zu setzen, allein er selbst blieb nicht im Lande, sondern verließ dasselbe 1078 und hielt sich abwechselnd in Sachsen und Schwaben auf.

Des Erzbischofs Flucht war das Signal zum offenen Ausbruche der Feindseligkeiten, denn in nächster Nähe waren die Grafen von Plain, Lebenau u. a., welche zur Partei des Kaisers hielten, sie brachen im Erzstifte ein und es wurde vom Kaiser Heinrich ein Gegen-Erzbischof in der Person des

Berthold, Graf von Moosburg eingesetzt, welcher nun durch einen Zeitraum von neun Jahren übel im Erzstifte hauste; er vergeudete nicht nur die Einkünfte desselben, sondern beraubte es auch sehr vieler Kirchenschätze.

Erst als der bairische Herzog Welf sein Land wieder erobert hatte, gelang es 1086 den aufgedrungenen Kirchenfürsten zu vertreiben und Gebhard wieder in seine Würde einzusetzen, doch schon im zweiten Jahre darauf starb er und sein Tod rief auf's Neue den Streit hervor, denn unter Kaiser Heinrichs Schutz drang Berthold abermals ein und setzte seine Wirthschaft in früherer Weise fort, bis Herzog Welf eine neue Wahl vornehmen ließ und somit Berthold zum zweitenmale verdrängte.

Die Wahl fiel auf den gelehrten

Thiemo, Graf von Medling, bisher Abt des Klosters St. Peter, doch gab es bei dieser Wahlvornahme eine Gegenpartei, welche den bisherigen Domprobst Albero bevorzugte und deßhalb ein Schiedsgericht verlangte; bevor jedoch dasselbe seinen Spruch fällte, ertrank Albero in der Salzach.

Thiemo empfing 1090 das Pallium, der Besitz des Erzbisthums war ihm jedoch nicht lange beschieden, denn 1095 versuchte Berthold abermals und dießmal mit Waffengewalt den erzbischöflichen Stuhl zu behaupten. Thiemo rückte ihm mit seinen Lehensleuten entgegen, unterlag jedoch im blutigen Treffen bei Saaldorf, in welchem viele Edle Salzburgs an der Seite ihres Erzbischofes kämpften. Thiemo flüchtete sich, wurde in Kärnthen gefangen genommen und erst nach fünfjähriger Haft durch einen Freund befreit. Er hielt sich nun in Constanz bis zur Theilnahme an dem im J. 1101 unternommenen Kreuzzuge auf, während welchem er in die Gefangenschaft der Türken gerieth und den Tod fand.

Kaum verbreitete sich die Nachricht hiervon, so erschien Berthold abermals, um, unterstützt durch Kaiser Heinrich IV., das Erzstift in Besitz zu nehmen.

Erst nachdem der junge Kaiser Heinrich V. fast von allen geistlichen und weltlichen Fürsten als Oberhaupt des Reiches anerkannt war, wagte es ein Ausschuß der geistlichen und weltlichen Stände von Salzburg, sich an das kaiserliche Hoflager zu begeben und den durch seine Talente ausgezeichneten kaiserlichen Kaplan **Conrad**, Graf von Abensberg, als künftigen Erzbischof zu erbitten. Die kaiserliche Bewilligung erfolgte ungesäumt (1106) und bald darauf hielt Conrad seinen Einzug mit 1000 Reisigen, vertrieb Berthold, und nöthigte die Anhänger desselben entweder nun ihrem rechtmäßigen Herrn anzuhängen, oder das Land zu verlassen.

Er begann den Bau einer neuen Residenz und überließ die frühere dem Kloster St. Peter, auch stiftete er 1125 ein Armenhaus.

Bei dem noch fortwährenden Investiturstreite ergriff er gleich Gebhard die Partei des Papstes, wodurch er zu Rom, wohin er sich mit Kaiser Heinrich zur Krönung begab, großer Gefahr ausgesetzt war, indem er seine Ansichten stets unverholen aussprach.

Von Rom zurückkehrend fand er an der Spitze der kaiserlich gesinnten Dienstleute den Domprobst Albin gegen sich in offener Empörung, weshalb er zuerst nach Admont und später nach Sachsen flüchtete.

Erst der allgemeine Landfriede des Jahres 1121 machte es Conrad möglich, wieder in sein Erzbisthum zurückzukehren und sein ganzes Bemühen ging nun dahin, die nach jeder Richtung gesunkenen Zustände zu verbessern.

Nun müssen wir aber noch einen Blick auf die durch den langen Investiturstreit hervorgerufenen Resultate werfen.

Papst und Kaiser vereinigten sich 1122 dahin, daß künftighin Bischöfe und Erzbischöfe frei gewählt werden, doch soll hierbei ein kaiserlicher Kommissär anwesend sein, und dem Kaiser das Recht der Bestätigung der Wahl zustehen, jedoch nicht mehr wie bisher mit Ring und Stab.

Eine wichtige Veränderung bewirkte Conrad in den Verhältnissen des Domkapitels. So wie Erzbischof Friedrich das Kloster St. Peter selbstständig stellte, so lag diesem Erzbischof daran, das Domkapitel als einen eigenen Körper zu isoliren und demselben eigene Dotationen zu übergeben. Doch nicht in seiner Stellung allein, sondern auch in seiner inneren Verfassung wurde 1122 das Kapitel geändert, da dasselbe von nun an ein Domkloster nach der Regel des h. Augustin bildete und die Canoniker ein gemeinschaftliches Leben nach dieser Regel führen mußten. Sie erhielten nun auch das Recht zur freien Wahl ihres jeweiligen Domprobsten, auch wurde ihnen 1139 die Stadtpfarre, welche bis dahin mit dem Kloster St. Peter vereinigt war, übergeben.

Nachdem Conrad 41 Jahre dem Erzstifte vorgestanden hatte, folgte nach seinem Tode 1147

Eberhard Graf von Hippoltstein und Biburg.

Die Zeit seines Waltens war eine friedliche, eine in jeder Beziehung fruchtbringende, denn da er selbst das Schiedsrichteramt übernahm verhinderte die Sanftmuth und Gerechtigkeitsliebe dieses Kirchenfürsten den Ausbruch mancher Streitigkeiten. Seine besondere Obsorge wendete er den kirchlichen Einrichtungen und dem Emporkommen des Schulwesens zu.

Große Verdienste erwarb sich Eberhard, als 1159 nach dem Ableben des Papstes Hadrian in Folge der Wahl Alexander III. eine neue Kirchenspaltung entstand, denn obgleich dieser Erzbischof den Genannten als rechtmäßiges Kirchenoberhaupt anerkannte und dem Drängen Kaiser Friedrichs sich zu Gunsten des Gegenpapstes Victor IV. zu entscheiden kein Gehör schenkte, blieb er doch stets von diesem Monarchen hochgeachtet, da er in allen weltlichen Angelegenheiten ein treuer Vasall seines Kaisers blieb. Hierdurch war bis zu seinem Tode das Erzstift von den streitenden Parteien verschont geblieben, desto betrübender gestalteten sich aber diese ruhigen Verhältnisse unter seinem 1164 gewählten Nachfolger Conrad II. Markgrafen von Oesterreich, Sohn Leopold des Heiligen, welcher unter der Bedingung die erzbischöfliche Würde erhielt, gleich Eberhard dem Papste Alexander anhängen zu wollen.

Als daher dieser Erzbischof zum Empfang der Reichslehen vor dem Kaiser erschien, jedoch die Anerkennung des Gegenpapstes verweigerte, mußte er ohne die Belehnung zu erhalten wieder abreisen und alle Bemühungen den erzürnten Kaiser zu besänftigen, blieben fruchtlos. Nur zu bald mußte das Land die Folgen dieser Ungnade fühlen, denn alsbald wurden die erzbischöflichen Güter an Baiern verliehen, die Klöster in die Acht erklärt und die Vollziehung dieser Maßregeln den Grafen von Plain und dem Herzoge in Kärnthen übertragen.

Gleich einem verheerenden Bergstrome brachen diese Vollstrecker des kaiserlichen Zornes auf allen Seiten über die Gränzen des Erzstiftes und wütheten mit Raub und Brand länger als ein Jahr nicht minder gegen die Hütten des Landvolkes, das sich zur Vertheidigung erhob, als gegen die Klöster und die Stadt Salzburg selbst, die sie nach längerem Kampfe am 5. April 1167 eroberten und größtentheils in Asche legten.

Conrad, der über diese Feinde den Bannfluch gesprochen hatte, rettete sich durch die Flucht nach Friesach in Kärnthen und lebte später zu Admont, wo er die Pflichten seines Amtes bis zu seinem 1167 eingetretenen Tode ausübte.

Auch das Domkapitel war nach Friesach gewandert und dort wählte dasselbe zum Erzbischofe

Adalbert, einen Sohn des Königs Ladislaus von Böhmen, welcher ebenfalls sein treues Festhalten an der Partei Alexanders versprechen mußte. Noch schwerer als seinem Vorgänger erging es ihm hierfür, denn schon ein Jahr nach seiner Wahl kam Kaiser Friedrich nach Salzburghofen und brachte es durch Drohungen aller Art dahin, daß des Erzbischofs Dienstleute demselben untreu wurden. 1174 setzte er Adalbert förmlich ab und ernannte an seine Stelle den bisherigen Probst Heinrich von Berchtesgaden, welcher vom Erzstifte Besitz nahm. Ein Versuch Adalberts mit Waffengewalt sein Recht zu erringen mißglückte, und erst der 1177 zu Venedig geschlossene allgemeine Friede änderte diese Sachlage dahin, daß Beide, sowohl Adalbert wie auch der Gegen-Erzbischof Heinrich resigniren mußten, hingegen der durch den Kaiser von Mainz vertriebene Erzbischof

Conrad III. Graf von Wittelsbach nach Salzburg versetzt wurde.

Während den nun eingetretenen friedlicheren Verhältnissen dachte man vorzüglich daran die Unbilden der letzten Jahre wieder gut zu machen, wozu Kaiser Friedrich dadurch beitrug, daß er die früher verfügten Veräußerungen salzburgischer Güter widerrief und die Grafen von Plain für den zugefügten Schaden Ersatz zu leisten beauftragte. Rasch wurde der Wiederaufbau der zerstörten und in Schutt gelegten Stadttheile begonnen, und eine durchgreifende Reform bei der Priesterschaft ins Werk gesetzt. Conrad wurde 1178 päpstlicher Legat für die ganze norische Provinz, blieb jedoch leider nicht lange mehr dem Lande erhalten, denn er kehrte 1183 auf seinen früheren Sitz nach Mainz zurück, worauf der frühere Erzbischof

Adalbert, welcher sich seit seiner unfreiwilligen Resignation in Böhmen aufgehalten hatte, wieder in das Erzstift zurückkehrte.

Leider kehrten mit ihm auch wieder die schlimmen Zeiten für Salzburg zurück, das sich kaum des Friedens zu erfreuen begann.

Schon 1186 zog Adalbert mit zahlreichem Kriegsvolk seinem Bruder Friedrich zu Hilfe, um demselben zum Besitze der böhmischen Krone zu verhelfen. Dieser Kriegszug, nur im Familieninteresse unternommen, kostete dem Lande viel Geld und Leute, weshalb die allgemeine Unzufriedenheit immer mehr zunahm.

Von der ihm als apostolischen Legaten eingeräumten Gewalt Kirchenstrafen zu verhängen und solche zu lösen machte dieser Erzbischof den ersten Gebrauch bei dem im Turniere zu Graz tödtlich verwundeten Herzog Leopold von Oesterreich, welcher wegen Gefangenhaltung des englischen Königs Richard vom Papste Cölestin mit dem großen Kirchenbanne belegt war, indem er denselben hiervon lossprach.

Die schonungslose Art, in welcher dieser Erzbischof die Stadt Reichenhall wegen einer Empörung in Brand stecken ließ, vermehrte die Zahl seiner Feinde, nicht minder aber entfremdete er sich seine nächste Umgebung durch die unerbittliche Strenge, welche die Schattenseite seines Charakters bildete und Veranlassung war, daß im J. 1198 seine eigenen Dienstleute ihn gefangen nahmen und durch 14 Tage in der Festung Werfen in Haft hielten.

Er starb 1200, in welchem Jahre die Stadt Salzburg abermals durch eine große Feuersbrunst leiden mußte.

Die einhellige Wahl berief hierauf

Eberhard II. von Truchsen auf den erzbischöflichen Stuhl von Salzburg. Er war ein treuer Anhänger Philipps und erst nach dessen Tode hielt er zu Kaiser Otto, welcher ihn zum Abfall von Papst Innocenz bewegen wollte, und da er kein geneigtes Gehör fand, die Gefangennehmung des Kirchenfürsten anordnete.

Nach dem Sturze Otto's war Eberhard stets ein treuer Anhänger Kaiser Friedrichs.

Bei der großen Ausdehnung des erzbischöflichen Sprengels stellte sich bei den Visitationsreisen die Nothwendigkeit dem Erzbischofe klar vor Augen, durch Einsetzung mehrerer Suffragan-

bischöfe abzuhelfen. Er wählte als künftige bischöfliche Sitze Chiemsee, Seckau und Lavant, wobei er sich als Stifter das Recht der Ernennung und Bestätigung vorbehielt. Diese Stiftungen, welche in die Periode von 1215—1224 fallen, wurden vom Papste bewilligt und durch Eberhard hinreichend mit Gütern dotirt.
Die Aebte des Klosters St. Peter zu Salzburg erhielten das Recht der Ehren-Inful, welche Auszeichnung bald darauf auch dem Dompropst verliehen wurde. 1233 ertheilte er demselben die Erlaubniß den Bischofstab zu führen.

Haben wir nun in kurzem Abrisse die Thätigkeit dieses Erzbischofes in Bezug auf seine Metropole geschildert, so wollen wir auch einen Blick auf sein Wirken in den sonstigen weltlichen Augelegenheiten werfen.

Mit dem Sinken der kaiserlichen Macht wuchs jene der Erzbischöfe, Bischöfe, Herzoge und Grafen, die nun die Gerichtsbarkeit stets mehr an sich zogen. Die Uebergabe derselben nach dem Tode eines Grafen geschah nicht mehr an seinen Nachfolger im Güterbesitze, sondern Eberhard begann in solchen Fällen die Güter wohl neuerdings zu verleihen, behielt sich jedoch die Gerichtsbarkeit vor.

Es erwuchsen wohl hieraus Streitigkeiten; eine der ersten ergab sich nach dem Tode der Grafen von Peilstein, welche viel Land um Reichenhall besaßen. Auch mit Oesterreich und Steiermark kam Salzburg deshalb in Conflicte, welche jedoch durch Eberhards Vermittlung größtentheils bald ausgeglichen wurden.

Durch das Aussterben der Grafen von Plain und Mitterfill kam fast das ganze Pinzgau, und nach dem Tode des Grafen von Lechsmund kamen die Herrschaften Windischmattrey und Lengberg an das Erzstift.

Auch als deutscher Reichsstand war Eberhards Wirken ein edles; stets suchte er unter den damals herrschenden Spaltungen den Weg der Vermittlung, weßhalb ihm auch die Gunst der Monarchen im hohen Grade zugewendet war.

Als bei der großen Excommunication Kaiser Friedrichs II. durch

Papst Innocenz Eberhard sich weigerte an der Wahl eines neuen weltlichen Oberhauptes Theil zu nehmen, wurde über ihn der Kirchenbann gesprochen. Deßhalb wurde er nach seinem 1246 erfolgten Ableben vorerst in Radstadt begraben und erst 1288 mit päpstlicher Bewilligung in der Domkirche Salzburg beigesetzt. Eberhards Nachfolger können wir nur den Namen nach anführen, denn

Burchard I. Graf von Ziegenhain, durch Papst Innocenz eigenmächtig eingesetzt, starb 1247 auf der Reise nach Salzburg. Es folgte, durch die Wahl der Geistlichkeit und der Ministerialen des Landes, welche von Burchards Ernennung nichts wußten, der nach Eberhards Tode schon auserkorene

Philipp, Herzog von Kärnthen, welchen der Papst als Procurator Ecclesiao Salisburgensis bestätigte, da er die Weihe zum Bischofe anzunehmen sich nicht entschloß.

Während der wenigen Jahre, welche er Salzburgs Kirchenfürst war, stieg die Unzufriedenheit des Landes über dessen unpriesterliches Leben, seine maßlose Willkürlichkeit und Mißwirthschaft immer mehr, bis endlich auf Einschreiten des Domkapitels im J. 1256 seine Absetzung erfolgte.

Hatte Philipp während seiner kurzen Regierungszeit gegen Steiermark, die Grafen von Tirol und Görz gekämpft, so trat er nun in den Kampf mit dem durch die Wahl des Domkapitels bestimmten Nachfolger

Ulrich. Dieser fiel 1258 mit Truppen Ottokars von Böhmen in das Erzstift ein. Unterstützt durch den Ungarkönig Bela rückte Ulrich von Steiermark heran um seinen Nebenbuhler zu vertreiben, erlitt jedoch zu Radstatt eine Niederlage, worauf er sich wieder nach Steiermark zurückzog.

Neue Feinde entstanden für Salzburg dadurch, daß der Papst das Erzstift dem Schutze Ottokars empfahl, denn hierdurch sah sich Herzog Heinrich von Baiern, der früher schon als Beschützer des Erzstiftes aufgetreten war, gekränkt, und nun entstand der Kampf zwischen den Beschirmern, durch welchen das Land unsäglich viel zu leiden hatte. Die Baiern drangen 1262 in die Stadt Salzburg und zerstörten den am rechten Ufer liegenden Theil; während diese im Flachland übel hausten, traten Ottokars Truppen nicht minder verwüstend im Gebirge auf.

Erst mit Ulrichs Resignation endeten diese dem Lande so verderblichen Kämpfe.

Unter solchen Verhältnissen konnte wohl in keiner Richtung der Wohlfahrt des Landes Rechnung getragen werden; päpstliche Bullen wegen Verfalls der Priester-Disciplin wurden ebensowenig beachtet, als das päpstliche Interdict vom J. 1257. Ulrichs Resignation fiel in die Zeit des Interregnums, Deutschland hatte kein Reichsoberhaupt und aller Orten standen sich die Parteien feindlich gegenüber. Das Domkapitel mußte mithin wohl bedacht sein, durch seine Wahl einen Mann auf den erzbischöflichen Stuhl zu bringen, der nebst den Vorzügen der Gelehrsamkeit, durch seine Geburt und Stellung Schutz gewähren konnte. Der allgemeine Wunsch war, daß **Ladislaus**, Herzog von Schlesien, Sohn Heinrichs des Frommen zu dieser Würde berufen werde, doch durfte gerade diesmal das Kapitel von seinem Wahlrechte keinen Gebrauch machen, indem sich Papst Clemens IV. bei Bestätigung der Resignation Ulrichs ausdrücklich das Recht vorbehielt, den Nachfolger zu ernennen.

Hierzu kam noch, daß auch der Bischofssitz zu Passau erledigt war und das dortige Capitel ebenfalls Ladislaus zum Bischofe wählte. Man entschloß sich daher zu Salzburg Abgeordnete an den Papst zu senden, um die Verleihung des Erzbisthums an den Herzog zu erwirken. Da aber Passau den gleichen Schritt für die Ernennung seines Bischofs that, so berief der Papst Ladislaus zu sich und bestimmte in Erwägung der schon mehr als 20 Jahre währenden ungünstigen Verhältnisse des Erzstiftes den durch Wissen und Frömmigkeit ausgezeichneten Prinzen zum Erzbischofe von Salzburg, ertheilte demselben wegen seiner Jugend und der ihm fehlenden Priesterweihe Dispens und so hielt Ladislaus im Frühjahre 1266 seinen feierlichen Einzug in Salzburg.

Leider war die Wirkungszeit dieses ausgezeichneten Kirchenoberhauptes nur eine kurze, denn als Ladislaus 1270 nach Bereisung seines Metropolitansprengels in Familienangelegenheiten nach Schlesien sich verfügte, erkrankte er (nach Nachricht mehrerer Geschichtschreiber an den Folgen eines ihm beigebrachten Giftes), kehrte jedoch nach Salzburg zurück und starb hier den 20. April 1270 zur Trauer des ganzen Landes.

Nach dem Hinscheiden des Erzbischofes Ladislaus wurde vom Capitel der bisherige Domprobst

Friedrich II. von Walchen zum Erzbischofe gewählt.

Unter keineswegs erfreulichen Zeitumständen begann die Regierungsperiode dieses Erzbischofes, denn die Epoche der Doppelregenten und jene des Zwischenreiches waren nicht förderlich für den allgemeinen Aufschwung. Ueberall galt nur das Recht der Macht, Handel und Gewerbe waren gesunken; dazu kam noch, daß im J. 1270 die Stadt Salzburg durch eine verheerende Feuersbrunst zu leiden hatte, welche nebst andern Kirchen auch den Dom einäscherte. Andere Gegenden litten durch beträchtliche Ueberschwemmungen und die abnorme Trockenheit des Sommers hatte Hungersnoth als traurigen Nachzügler.

Friedrich nahm erst im J. 1272 das Pallium persönlich in Empfang. Zurückgekehrt vom allgemeinen Concilium zu Lyon hielt er 1274 in Angelegenheiten desselben das Provinzial-Concilium zu Salzburg, bei dessen Schluß die Einweihung der nun wieder ausgebauten Domkirche mit besonderer Feierlichkeit und in Gegenwart der eben anwesenden Bischöfe geschah.

Bei den geschichtlichen Ereignissen zwischen Kaiser Rudolf und König Ottokar finden wir Friedrich stets an des Kaisers Seite, was Ottokar so sehr erbitterte, daß er die in Kärnthen liegenden erzbischöflichen Güter mit seinen Kriegsknechten überfiel und arg verwüstete. Die Stadt Friesach, deren Bewohner tapferen Widerstand leisteten, wurde erobert und in Asche gelegt.

Von großer Wichtigkeit für die bereits gewonnenen Hoheitsrechte des Erzbischofes ist die 1277 durch Friedrich geschehene

Belehnung der Söhne des Kaisers mit jenen Lehen, welche die Regenten von Oesterreich und Steiermark vom Erzstifte besessen hatten.

Im letzten Kampfe Rudolfs gegen Ottokar (1278) focht Erzbischof Friedrich wieder mit seinen Truppen an des Kaisers Seite.

Friedrich starb 1284 zu Friesach, ihm folgte durch die einstimmige Wahl des Domkapitels der bisherige kaiserliche Kanzler **Rudolf** von Hoheneck. Bald nach seinem Regierungsantritte begann Herzog Heinrich von Baiern, ungehalten über diese Wahl, Feindseligkeiten, indem er in das Erzstift einfiel, ja selbst einen zur Begleichung der schwebenden Streitigkeiten geschlossenen Waffenstillstand brach, und bei dem zu Mühldorf ausgebrochenen Brande die Stadt besetzte. Erst auf dem 1286 vom Kaiser ausgeschriebenen Reichstag zu Augsburg gelang es, Frieden zu stiften. Leider dauerte derselbe nicht lange und die Veranlassung hierzu bot die im erwähnten Jahre geschehene Verleihung des Stadtrechtes an den Markt Radstadt, welchen dieser Erzbischof bedeutend vergrößerte und durch eine Mauer befestigen ließ. Herzog Albrecht von Oesterreich sah nämlich hierin eine Schädigung der ihm zukommenden Vogteirechte. Lange währten deshalb die Feindseligkeiten, besonders genährt durch Abt Heinrich von Admont, welcher ein persönlicher Feind des Erzbischofs war, während welchen wieder die Stadt Friesach am meisten zu leiden hatte. Erst 1289 gelang es Kaiser Rudolf auf dem Reichstage zu Erfurt den Frieden herzustellen, doch erlebte der Erzbischof nicht mehr die vollständige Beilegung dieser Streitigkeiten, da er während dieses Reichstages zu Erfurt den 5. August 1290 starb.

Als Bewerber um das Erzbisthum traten nun Herzog Stephan von Baiern und Abt Heinrich von Admont auf. Hatte der Erstere das Domkapitel für sich, so erfreute er sich hingegen nicht der Gunst des Papstes; Letzterem aber war die Stimmung des Capitels sehr ungünstig, war er doch die Hauptursache der Drangsale unter der Regierung des früheren Erzbischofes.

Endlich einigte man sich zur Wahl des bisherigen Bischofes von Lavant. Doch verging bis zur erfolgten Bestätigung durch Papst Nikolaus ein ganzes Jahr, während welcher Sedesvacanz das Domkapitel mit den Ministerialen und Bürgern gemeinschaftlich regierte.

Im Monate Jänner 1291 wurde endlich **Conrad** IV. von Praitenfurt bestätigt und ihm das Pallium verliehen. Keineswegs waren die Salzburger mit dieser Bestätigung zufrieden, denn ihre Hoffnung war auf den jungen thatenkräftigen Herzog Stephan gerichtet. Heinrich von Admont, gekränkt durch die erfahrene Zurücksetzung begann aufs Neue die Fackel der Zwietracht zu schwingen und den Herzog Albert von Oesterreich mit Conrad zu entzweien. Letzterer verband sich nun mit Herzog Otto von Baiern, doch erhielten diese Zwistigkeiten einen Ruhepunkt durch den 1293 zu Linz geschlossenen Vergleich; aber dauernde Freundschaft wurde erst 1297 zwischen den beiden Parteien geschlossen. Nun stand der Erzbischof wieder auf Oesterreichs Seite und kämpfte während des 1298 ausgebrochenen Krieges gegen Baiern.

Ueberhaupt war es diesem Erzbischofe beschieden mehr das Schwert als den Krummstab zu führen, denn 1303 befehligte er seine Hilfstruppen gegen Böhmen, ebenso im J. 1306, und im folgenden Jahre fiel er zu Gunsten des Kaisers in Kärnthen ein.

Waren die traurigen Kriegesfolgen Pest und Hungersnoth, welche dem Lande Unglück bereiteten, so hatte die Stadt Salzburg noch überdies die Katastrophe eines verheerenden Brandes zu überstehen, der den größten Theil der Gebäude in Asche legte.

Unter der Regierung eines so kriegerisch gesinnten Erzbischofes blieb die Sorge für die Diözesan-Angelegenheiten fast gänzlich in den Händen des Domkapitels.

Glücklicher war die Regierung

Weichard's von Polheim (1312), welchem bereits nach drei Jahren (1315)

Friedrich III. von Leibnitz in der Regierung folgte.

Zwischen Salzburg und Herzog Friedrich von Oesterreich wurde bereits unter seinem Vorgänger ein gegenseitiges Bündniß geschlossen, welches nur zu bald nachtheilige Folgen für unser Land nach sich zog, denn als nach Kaiser Heinrich VII. Tode (1314) die bekannte Doppelwahl für den deutschen Kaiserthron statt hatte, bekriegten sich die beiden Thronwerber Herzog Friedrich von Oesterreich und Herzog Ludwig von Baiern. Erzbischof Friedrich leistete Oesterreich die vertragsmäßige Hilfe und zog selbst mit zu Felde. Da kam es nun nach mehreren unbedeutenderen Kriegsvorfällen am 28. September 1322 zur entscheidenden Schlacht in der Gegend von Mühldorf und Ampfing, in welcher nach langem hartnäckigen Kampfe die Baiern siegten. Herzog Friedrich fiel in Gefangenschaft und der Erzbischof entging dem gleichen Schicksale nur durch seine Flucht nach Mühldorf. Viele Edle des Landes nahmen Theil an diesem Kampfe und opferten ihr Leben für Oesterreichs Sache.

Der unglückliche Ausgang dieses Kampfes änderte aber nichts an dem Bestande des Bündnisses. Erzbischof Friedrich ließ nun aller Orten den vom Papste Johann über Ludwig von Baiern gesprochenen Kirchenbann verkünden, welche That Ludwig durch Verhängung der Reichsacht und durch die Wegnahme Tittmonings zu rächen suchte, welcher Ort aber 1327 durch Erlag einer bestimmten Geldsumme wieder ausgelöst wurde.

Wie uns die Geschichtschreiber jener Zeit mittheilen, bestand damals der Gebrauch, daß die verarmten Bürger und sonstigen Nothleidenden an der Domkirche, bei der erzbischöflichen Residenz und bei dem Kloster der Domherren sich lagerten um Almosen zu erbitten.

Erzbischof Friedrich gebührt das große Verdienst, daß er diesem althergebrachten Uebel durch die 1327 geschehene Gründung eines Armenhauses auf die edelste Art ein Ziel setzte; aus diesem Armenhause entstand später, indem die Bürgerschaft dasselbe an sich brachte, das noch heute bestehende Bürgerspital. Auch die Kirche desselben deutet in ihren Haupttheilen auf diese Zeit.

Mit großem Eifer ließ dieser Fürst sich angelegen sein die Dotationen zu vermehren. Während seiner Regierungsepoche kamen die Gerichte Taxenbach, Gastein, Radeck mit Hallwang, Anthering und Kallheim durch Kauf an das Erzstift. Friedrich starb 1338 und es folgte ihm

Heinrich von Pirnbrum (auch Pirnbaum), welcher bereits Domherr und Lehrer an der St. Rupertsschule war. Nach dessen 1343 eingetretenem Tode fiel die Wahl auf den Domprobst **Ortolph** von Weißeneck. In seine Zeit fällt die grausame Verfolgung der Juden. Die Pest, welche 1349 durch ganz Europa Schrecken verbreitete, forderte auch in diesem Lande viele Opfer. Der thörichte Wahn, das Unglück einer durch die Juden geschehenen Vergiftung der Brunnen zuzuschreiben, war die Veranlassung zu diesem unmenschlichen Beginnen.

Die zwischen Rudolf von Oesterreich und Herzog Stefan von Baiern 1357 entstandene Fehde blieb nicht ohne Folgen für Salzburg, dessen Fürst als Verbündeter Oesterreichs an diesem kurzen Kampfe Theil nahm. Herzog Stefan rückte in das Erzstift ein und verwüstete die Schlösser Lichtenthan und Thamberg. Der Friede von Passau beendete diese Streitigkeit und Salzburg hatte hierbei den Besitz des Gerichtes Köstendorf und des Schlosses Altenthan gewonnen, da diese Bezirke durch die Untreue des Vasallen Eberhard von Thann dem Landesfürsten zufielen. Erzherzog Rudolf von Oesterreich ertheilte 1362 der salzburgischen Kaufmannschaft das Privilegium der Wiederbenützung des Villacher Straßenzuges.[7]) Ortolph starb 1365 und sein Nachfolger war **Pilgrim** II. von Purchheim. Zum Empfange des Palliums reiste dieser Erzbischof gleich mehreren seiner Vorfahren nach Avignon, und 1368 begleitete er Kaiser Karl IV. auf seinem Zuge nach Italien. Die durch den Erzbischof geschehene Absetzung des Probstes Ulrich Wulp von Berchtesgaden gab 1378 Veranlassung, daß Baiern demselben Hilfe leistete, die erzbischöflichen Truppen zum Rückzuge aus Berchtesgaden zwang und die Vesten Hagenfels und Dornberg anlegte. Zwei Jahre dauerte die Fehde, während welcher Pilgrim die Unterstützung Oesterreichs sich erbat. 1384 war dieser Streit beigelegt und es wurde festgesetzt, daß der jeweilige Probst des genannten Augustinerstiftes dem Erzbischofe den Eid der Treue schwören mußte, und die durch die Baiern errichteten Befestigungen zu demoliren seien.

Die Domkirche — im J. 1383 mit dem größten Theile des Kaiviertels ein Raub der Flammen geworden — war 1385 wieder aufgebaut und zur Bestreitung der dadurch entstandenen Kosten hatte Papst Urban die Einhebung einer Beisteuer von allen Pfründen bewilligt.

Als sich 1374 der schwäbische und zwei Jahre darauf der große Städtebund bildete, ließ sich der Erzbischof nicht nur bewegen demselben beizutreten, sondern er erneuerte im J. 1386 auch dieses Bündniß auf weitere zehn Jahre. Bei der in dieser Angelegenheit durch die Herzoge von Baiern gehaltenen Zusammenkunft zu Raitenharlach luden sie auch Pilgrim ein, der, versehen mit einem Geleitsbriefe Herzog Stephans, sich auch dorthin begab, jedoch auf eine schnöde Art gefangengenommen und nach Burghausen geführt wurde. Durch List glückte es ihm seiner Haft zu entkommen und sogleich an dem mittlerweile entstandenen Kriege theilnehmend, fiel er in Baiern ein und eroberte die Festung Abtsee. 1389 wurde Friede geschlossen.

Durch die Erwerbung der Veste Ytter und jener des Schloßes Mattsee wurde der Besitz vergrößert. Nicht so glücklich war der Erzbischof mit der beabsichtigten Incorporirung Berchtesgadens, denn der bereits zu Stande gebrachte günstige Abschluß im J. 1394 wurde später wieder für ungültig erklärt.

Nach Pilgrims Tode 1396 wurde

Gregor, Sihent von Osterwitz, einstimmig zum Erzbischofe erwählt. Auch er bekleidete früher die Würde eines Domprobstes, auch er verfügte sich gleich wie mehrere seiner Vorgänger persönlich nach Rom um das Pallium zu empfangen. Doch mußte er bei dieser Gelegenheit das Versprechen ablegen, jedes zweite Jahr entweder selbst oder durch einen Abgesandten die Schwellen der Apostel zu besuchen.

Nur kurze Zeit war ihm der erzbischöfliche Stuhl beschieden, denn schon 1403 ereilte ihn der Tod.

Da die weltlichen Stände besonders unter den Perioden der beiden letzten Erzbischöfe sich in mancher Hinsicht getäuscht sahen, indem ihnen nicht jene Abhilfen geboten wurden, welche zu erwarten sie sich berechtigt hielten, so traten Ritter und Stände zusammen und verpflichteten sich durch Ausstellung einer Urkunde, dem nun gewählt werdenden Erzbischofe nicht früher zu huldigen, bevor derselbe nicht unter Verbürgung des Domkapitels sich verpflichtet hätte, allen ihren Beschwerden abzuhelfen. Diese Urkunde auf Pergament ausgefertigt und rings mit Siegeln versehen erhielt den Namen: „Igel" und die derart geschlossene Verbrüderung wurde der „Iglbund" genannt. [8)]

Erst nachdem diese Urkunde ausgestellt war, schritt das Domkapitel zur Wahl, welche einstimmig auf

Eberhard III. von Neuhaus fiel. Noch vor Antritt der Regierung stellte er in Folge des Iglbundes den Ständen ein mit seinem und des Domkapitels Siegeln versehenes Instrument aus, welches das Versprechen enthielt, allen ihren Beschwerden abzuhelfen.

Drei Jahre vergingen bis die päpstliche Bestätigung dieser Wahl einlangte, denn Papst Bonifaz hatte auf Empfehlung des Herzogs Albert von Oesterreich diese Würde nach dem Tode Gregors dem damaligen Bischofe von Freysing, Berthold von Weching, verliehen. Doch wurde derselbe, obgleich er sich Erzbischof von Salzburg und Administrator von Freysing nannte, weder vom Domkapitel noch von den Ständen je als solcher anerkannt.

Leider wiederholten sich 1404 die Vorgänge der Judenverfolgung in noch größeren Dimensionen, als dieß 1349 der Fall war. Die zu jener Zeit und besonders durch das große Schisma des Occidents herbeigeführten Kirchenversammlungen und Concilien entfernten den Erzbischof häufig aus seinem Lande.

Wie sehr damals schon die Bevölkerung des Stadttheiles auf dem rechten Salzachufer zugenommen hatte, mag daraus hervorgehen, daß 1418 durch den reichen Stadtrichter Martin Reiter und seinen Bruder Dr. Johann Reiter mit Beihilfe des Chorherrn Johann Kraft die St. Andräkirche erbaut wurde. Kaum war diese Kirche gebaut, so traf ein herber Verlust das Kloster Nonnberg durch den Brand im J. 1423, welcher diese Kirche einäscherte und durch welchen Brand das Kloster vieler Schätze beraubt wurde.

Eberhard erbaute das Schlößchen Neuhaus ⁹) um einen Theil des Sommers dort zuzubringen, genoß jedoch diese Freude nur kurze Zeit, denn 1427 ereilte ihn der Tod. Ihm war es wie nur wenigen seiner Vorfahren beschieden in friedlichen Zeitverhältnissen seine Kraft dem Aufblühen des Landes widmen zu können. Unter seiner Regierung gewannen die Handelsverhältnisse bedeutenden Aufschwung; den Märkten des Landes wurden neue Freiheiten bestätigt.

Unter seinem Nachfolger

Eberhard IV. aus dem Geschlechte der Herren von Stahrenberg, kamen zwischen dem Erzstifte und dem Herzoge Friedrich von Oesterreich mehrere für Salzburg sehr vortheilhafte Verträge wegen der Salz- und Eisenausfuhr zu Stande.

Die strenge Handhabung der in den Concilien gegen die Sittenlosigkeit der Geistlichen getroffenen Maßregeln zog ihm viele Feinde zu, denen sogar die Vergiftung des Erzbischofes und seines Kammerdieners zugeschrieben wird.

Eberhard starb bereits nach zweijähriger Regierung im Februar 1429.

Als in Folge Reichstagsbeschlußes der Krieg gegen die Hussiten ausbrach regierte bereits

Johann II. von Reisberg, welcher sogleich Soldaten anwerben ließ, um einer allfälsigen Kriegsgefahr begegnen zu können, und diese Truppen unter die Befehle seines Schwagers Georg Wißbeck stellte. Doch die befürchtete Gefahr blieb ferne, und während der fast 20jährigen Regierung finden wir die Hauptthätigkeit des Erzbischofes auf seine Metropolitan-Angelegenheiten concentrirt, wozu die vielen Concilien, namentlich jenes zu Basel hinreichenden Stoff boten. Ihm folgte 1441

Friedrich IV., Truchseß von Emmerberg, — unter dessen Regierung Kaiser Friedrich III. in Salzburg anwesend war (1442). Nach seinem Tode im J. 1452 wurde der Domprobst **Sigmund** I. von Volkerstorf zum Erzbischof erwählt. Bald nach Antritt dieser hohen Würde übernahm er das Amt eines Friedensstifters zwischen Kaiser Friedrich III. und den wegen Ladislaus Posthumus ihm feindlich entgegenstehenden Bürgern Oesterreichs. Sowohl durch diese zu Neustadt mit glücklichem Erfolge durchgeführte Vermittlerrolle als durch seine sonstige würdige Haltung stieg des Erzbischofs Ansehen bedeutend.

Der stets schwankenden Stellung Berchtesgadens wurde im J. 1455 durch Papst Calixtus ein Ende gemacht, indem dieses Stift nun gänzlich der Jurisdiction Salzburgs entzogen und unmittelbar dem päpstlichen Stuhle unterstellt wurde.

Sigismund baute mehrere Kapellen in dem alten romanischen Dome, ebenso ein prachtvolles gothisches Portal, welches den Namen „Paradies" hatte.

Durch kaiserlichen Schiedsspruch wurde ihm der bisher streitige Besitz des Schlosses Goldegg im Pongau zugesprochen.

Große Unzufriedenheit im Lande, ganz besonders aber in Baiern, erregte die Prägung der sogenannten Schinderlinge (schlechte Münze). Allein der Erzbischof versprach bessere Münzen zu prägen, sobald der Kaiser seine schlechte Münze aufgeben werde.

So wie eine seiner ersten Amtsthätigkeiten von tiefeingreifenden Folgen in Oesterreichs Regentengeschichte wurde, war es ihm auch am Abende seines Lebens beschieden dem Kaiserhause bei einem wichtigen Acte zu dienen; denn durch diesen Erzbischof wurde den 21. März 1459 Kaiser Maximilian I. getauft.

Sigmund starb 1461. Er wurde im Dome, in der durch ihn gebauten h. Coloman-Kapelle beigesetzt.

Unter den durch Erzbischof Sigmund geschehenen Stiftungen müssen wir jene der „Kürschner-Mahlzeit" besonders erwähnen. Er verordnete nämlich, daß dieses Handwerk, wenn es am Tage nach dem Herbst-Rupertifeste in der Domkirche eine Messe lesen läßt und opfert, mit seinen Angehörigen zu Hofe geladen und bewirthet werden solle.

Der erledigte erzbischöfliche Stuhl kam 1461 durch einstimmige Wahl an

Burkard II. von Weißbriach.

Eine der ersten Verfügungen dieses Erzbischofs war die Aufhebung des Klosters der Domfrauen. Da er noch viele sonstige Neuerungen, besonders in den baulichen Verhältnissen Salzburgs beabsichtigte, die vorhandenen Mitteln hierzu jedoch nicht ausreichten, schrieb er eine neue Steuer aus. Diese Maßregel rief große Unzufriedenheit hervor, die sich in den Gebirgsgegenden Pongau, Pinzgau und im Brixenthale zum öffentlichen Aufruhr gestaltete. Die dortige Bevölkerung verweigerte die Einzahlung dieser neuen Steuer und begann offene Feindseligkeiten durch die Besetzung der Gebirgspässe und mehrerer Schlösser. Da sich alle Mittel die Aufständischen zur Niederlegung der Waffen zu bewegen als erfolglos erwiesen, indem die Aufrührer den nun gemachten Versprechungen des Erzbischofs nicht trauten, sah sich der Landesfürst gezwungen die Hilfe des Herzogs Ludwig von Baiern anzusprechen.

Es glückte demselben, ohne Waffengewalt anzuwenden, einen Vergleich zu bewirken. Um jedoch ähnlichen Auflehnungen der Unterthanen in der Folge mit aller Kraft entgegentreten zu können, schloß Burkard mit dem Herzoge Ludwig von Baiern und Herzog Sigmund, Grafen von Tirol, ein gegenseitiges Bündniß ab.

Während Ludwig von Baiern in Salzburg verweilte hielt der Erzbischof im J. 1462 seinen feierlichen Einzug als Cardinal, welche Würde ihm Papst Pius II. verliehen hatte.

Die Kirche zu Mülln erhob der Erzbischof 1464 unter Einverleibung der Kirche von Marglan zur Pfarrkirche. In seinen weltlichen Verfügungen nahm sich dieser Regent ganz besonders des Bergbaues an.

Minder glücklich war Burkard in seinen weitausgehenden Plänen zur Stadterweiterung. Seine Idee den Frauengarten (das Terrain auf welchem nun die Kollegiumsgebäude und die Kavallerie-Kaserne stehen) mit Neubauten zu zieren, gelang ihm eben so wenig, wie die Errichtung einer höheren Schule im Gebäude des Stiftes St. Peter und die hierdurch bedingte Uebersiedlung des Klosters nach Gröbig.

Doch fanden unter ihm einige Bauveränderungen an der Residenz statt, ebenso erbaute er vier runde Thürme in der Festung Hohensalzburg.

Sicher wäre es diesem energischen Landesfürsten gelungen einige seiner Verschönerungspläne zur Ausführung zu bringen, hätte ihn nicht der Tod im J. 1466 ereilt.

Schon einige Tage nach seinem Tode wurde der Domherr und bisherige Stadtpfarrer **Bernhard** von Rohr zum Erzbischofe erwählt. Mit dem Pallium für diesen Kirchenfürsten langte auch eine päpstliche Bulle an, welche das Ernennungsrecht der Suffraganbischöfe zu Chiemsee, Lavant, Gurk und Seckau neuerdings ausschließlich dem Erzbischofe zuerkannte. Leider hielt sich weder der Kaiser noch der Papst selbst daran, denn bald nach Verleihung dieser Bulle wurden die Bischofs-sitze Gurk und Lavant ohne Rücksichtnahme auf die Rechte des Salzburger Erzbischofs besetzt und alle Vorstellungen und Protestationen waren fruchtlos.

Bernhard, ein sehr friedliebender aber auch schwankender Charakter, wurde durch diese bald nach dem Regierungsantritte gemachten unangenehmen Erfahrungen auf den Gedanken gebracht auf seine Würde zu resigniren. Die Mittheilung dieses Vorsatzes gegenüber Kaiser Friedrich III. hatte zur Folge, daß dieser Regent sogleich den Plan faßte den erzbischöflichen Stuhl seinem Günstlinge Johann Peckenschlager, Erzbischof von Gran, zu verschaffen. Doch der wankelmüthige Bernhard nahm auf Zureden des Capitels und der Stände die Resignation wieder zurück. Friedrich, hiedurch erzürnt, besetzte einen Theil der erzstiftlichen Güter, wodurch sich Bernhard gezwungen sah mit König Mathias von Ungarn ein Bündniß zu schließen. Es entbrannte nun ein blutiger Kampf zwischen beiden Parteien, und obgleich Mathias durch den Einfall der Türken in seinen Landen zum Frieden geneigt schien, wich Kaiser Friedrich nicht von seinen Forderungen. Das Kriegsglück war König Mathias günstig, er rückte sogar bis Wien vor und bekam es in seine Gewalt. Seine Truppen breiteten sich nun in Oesterreich, Steiermark, Kärnthen und auch in unserem Lungau aus.

Da kam es zur traurigen Schlußkatastrophe, indem durch des Domprobstes Ebron Maßregeln der Einzug der Ungarn in die Stadt Salzburg vorbereitet war, welches Vorhaben jedoch durch Vermittlung des Kaisers vereitelt wurde.

Hatten die Bewohner schon früher alle Anhänglichkeit an den Landesfürsten seines wankelmüthigen Sinnes wegen verloren, so empörte dieser Act die Gemüther noch mehr.

Erst die im J. 1481 wirklich erfolgte Resignation Bernhards zu Gunsten des Erzbischofs Johannes von Gran brachte den heißersehnten Frieden. Die Bürger von Salzburg, welche sich bei der Fehde gegen den Kaiser nicht betheiligten, erhielten nun von Friedrich die Bestätigung mehrerer Freiheiten, unter welchen die bedeutendsten jene waren: „daß sie alle Jahr einen geschwornen „Rath aus ihrer Gemeinde besetzen und daraus einen Bürger- „meister wählen" durften; „daß die Stadt Salzburg alle jene „Ehren, Würden und Freiheiten genießen solle gleich anderen „Städten des heil. Reichs", „daß die Bürgerschaft zur Abzahlung „ihrer Schulden von den Getränken ein Umgeld einheben dürfe"; ferner: „daß die Bürger von Salzburg auf der Donau gegen „Linz, Efferding, Krems und andere österreichische Orte mit Vene- „tianer-Waaren die Märkte zu besuchen befugt seien"; endlich erhielt die Stadt das Recht zur Abhaltung eines Jahrmarktes.

Der resignirte Erzbischof übernahm die Administration des

neu errichteten Erzbisthums zu Wien, verließ diese Stadt jedoch vor dem Einzuge des Königs Mathias und beschloß sein Leben 1487 zu Tittmoning.

Bis zum Tode Bernhards führte
Johann III. Peckenschlager den Titel eines Administrators und erst 1487 nahm er die erzbischöfliche Würde an, welche er aber nur zwei Jahre bekleidete, denn schon Ende 1489 ereilte ihn der Tod. Ihm folgte
Friedrich V. Graf von Schaumburg.

Unter sehr ungünstigen Verhältnissen begann er seine Regierung. Das Land hatte während der letzten Kriegsjahre Vieles gelitten, viele erzstiftlichen Güter waren noch von den Ungarn besetzt und Kaiser Friedrich war dem neuen Landesfürsten nicht gewogen.

Doch nach und nach wurden die Ungarn durch Erzherzog Maximilian zurückgedrängt; es befestigte sich der Friede nach Außen immer mehr und mehr, und als nach des Kaisers Tode (1495) Maximilian den Thron bestieg, wurden dem Erzstifte auch wieder die den Ungarn abgenommenen salzburgischen Besitzungen übergeben.

Unter Erzbischof Friedrich geschah der Ausbau der h. Margarethen-Kapelle [10] auf dem Friedhofe zu St. Peter, deren Einweihung 1492 durch Bischof Georg von Chiemsee vollzogen wurde. Friedrich starb im Oktober 1494 und sein Nachfolger wurde durch die Wahl des Kapitels
Sigmund II. von Holneck.

Dem im J. 1495 durch Kaiser Maximilian ausgeschriebenen Reichstage zu Worms, historisch merkwürdig durch die in Folge desselben geschehene Aufhebung des Faustrechtes und der Einführung des ewigen Landfriedens, wohnte dieser Erzbischof mit großem Gefolge bei, er erkrankte jedoch und mußte die Rückreise antreten, auf welcher ihn zu Mühldorf am 1. Juli 1495 der Tod ereilte.

Es wurde unmittelbar nach dem Begräbnisse zur Wahl des Nachfolgers geschritten. Sie fiel auf den Domprobst **Leonhard** von Keutschach, welcher auch als Erzbischof diese Würde bis zum J. 1503 beibehielt.

Sein erstes Regierungsjahr brachte er wegen der zu Salzburg herrschenden Pest in Friesach zu und erst im J. 1496 hielt er seinen feierlichen Einzug zu Salzburg.

Eine seiner ersten Maßregeln galt der Veste Hohensalzburg, welche er durch mehrere Baulichkeiten verstärkte. 1496 wurden einige neue Thürme aufgeführt und der Graben in den Felsen gehauen. Auch die beiden Kapellen, nämlich die Schloßkirche im Hofe, dann die Kapelle im sogenannten hohen Stocke, wie auch die Fürstenzimmer [11]) und das sogenannte Horn [12]) sind in dieser Periode errichtet.

Die durch diesen Landesfürsten angeordnete Verbannung der Juden im J. 1498, welche seit Erzbischof Eberhard III. sich wieder mehr im Lande festsetzten, ja sogar hier in der Stadt so wie im benachbarten Hallein Synagogen hatten, bildet einen düstern Schatten seiner Regierungsepoche.

Leonhard ließ sich ganz besonders die Vermehrung der Einkünfte angelegen sein; seinem Blicke entging nicht der reiche Bergsegen des Landes, und um den Bergbau zu heben, berief er die Gewerken von Gastein und Rauris zusammen und berathschlagte mit ihnen die zweckdienlichsten Aenderungen an der bestehenden Bergwerksordnung.

Die Einladung des Kaisers bei Erhebung der Gebeine des heil. Leopold, welche 1506 zu Klosterneuburg mit großer Pracht vollzogen wurde, gab Leonhard die Gelegenheit zum Kaufe der Märkte Mondsee, St. Wolfgang und der Herrschaft Wildeneck.

Wie bereits erwähnt erhielt Salzburgs Bürgerschaft von Kaiser Friedrich III. mehrere Freiheiten. Nun begnügte sie sich aber nicht mehr mit diesen Begünstigungen, sondern sie wollte das volle Maß der Rechte einer freien Reichsstadt. Als der Erzbischof hiervon Kunde erhielt, besorgte er einen Eingriff in seine Souveränitäts-Rechte, er lud Bürgermeister und Stadträthe am 22. Jänner 1511 zu sich in die Residenz, ließ sie, die harmlos der Einladung zur fürstlichen Tafel gefolgt waren, festnehmen und in ihren für die kalte Winterszeit wenig passenden Festtagskleidern nach Radstadt führen. Daß das tyrannische Vorhaben, diese Herren im Schlosse Mauterndorf hinrichten zu lassen nicht ausgeführt wurde, hatten die Betreffenden nur der Fürbitte des Bischofs von Chiemsee zu verdanken. Die Stadt verlor jedoch die durch Friedrich erhaltene Freiheit eines eigenen Stadtrathes und mußte sich nun wieder mit vom Landesfürsten ernannten zwei Bürgermeistern und einem Stadtrichter begnügen.

In diese Periode fällt die Erbauung und Einweihung der St. Sebastianskirche in Salzburg wie auch die Erbauung des Bruderhauses.

Wir stehen nun an einer für das Erzstift wichtigen Periode, die wir deßhalb als einen neuen Abschnitt dieser Geschichtsskizze anführen.

Die erste Säcularisation des Erzstiftes.

Dieses für das Erzstift wichtige Ereigniß wurde ohne Mitwirkung des Erzbischofs, sogar gegen seinen Willen herbeigeführt. Fast vier Jahrhunderte waren verflossen, seit durch Conrad I. am hiesigen Domkapitel die Regel des h. Augustin eingeführt worden war. Dem 16. Jahrhundert entsprach diese Verfassung nicht mehr, und mehrere Hochstifte hatten bereits begonnen ihr Kapitel in ein freies, weltliches Domstift umzuwandeln.

Jemehr die Adelsnachweisung in dieser Epoche eine Bedingung zur Erlangung eines Canonicates wurde, desto mehr lichteten sich diese Körperschaften, da die Pflichten des Regularstandes Viele von der Bewerbung fernhielten.

So kam es, daß das Domkapitel Salzburgs um das J. 1514 nur noch neun Glieder zählte.

Bei dem energischen und strengen Charakter Leonhard Keutschachs wäre es gewiß trotzdem bei der früheren Verfassung geblieben; allein der Kanzler Kaiser Maximilians I. Matthäus Lang, welchem die Gunst des Monarchen, der wichtigen Staatsdienste wegen, die er leistete, im hohen Grade zu Theil war, trachtete bei dem bereits in hohem Alter stehenden Erzbischofe die Coadjutorstelle zu erhalten. Dieser kluge Bischof wählte nun als Mittel zur Erstrebung seines Zieles, daß er den noch vorhandenen Domherren die Erreichung der Umwandlung des Domstiftes vermöge seines Einflußes durchzusetzen versprach, wenn sie seine Bewerbung durch die Wahl zum Coadjutor sichern würden. Da die Stimmen hierfür günstig waren, schloß Matthäus einen eigenen Vertrag zu Braunau und noch in demselben Jahre erfolgte durch Papst Leo X. die Ernennung desselben zum unwiderruflichen und beständigen Coadjutor des Erzbischofs, und zugleich die Zusicherung der erzbischöflichen Würde für den nächsten Erledigungsfall.

Eben so schnell langte auch die päpstliche Bulle an, durch welche der Regularstand am Domkapitel aufgehoben wurde.

Hatte der Erzbischof schon in die Ernennung eines Coadjutors nur zögernd eingewilligt, so war ihm diese, ohne sein Vorwissen ertheilte Bulle im hohen Grade mißliebig. Er unternahm sogleich, von den salzburgischen Ständen unterstützt, die nöthigen Schritte, um eine Außerkraftsetzung dieser Bulle zu erwirken. Wurde hierdurch auch eine Verschleppung dieser Angelegenheit erreicht, so verordnete doch im Mai 1519 eine neue päpstliche Bulle die Vollstreckung der Säcularisation. Schon im Monat Juni desselben Jahres starb Leonhard und sein letzter Wille forderte, daß man ihn im Ordenskleide, welchem er für seine Person nicht entsagte, beerdige.

Unter der klugen, emsigen und wirthschaftlichen Regierung dieses Erzbischofs wurde der Wohlstand des Landes bedeutend gehoben.

Es folgte ihm nun in der Regierung der bisherige Coadjutor **Matthäus** Lang von Wellenburg. Er hielt den 24. September 1519 seinen Eintritt mit einer besonderen Pracht.

Wenig ließ sich über das Vorleben der meisten Erzbischöfe bisher sagen, Matthäus jedoch hatte zu dem Zeitpunkte seiner

Wahl schon viele Verdienste um Oesterreichs Regenten sich erworben. Er bekleidete die Stelle als kaiserlicher Kanzler und nachdem er Probst von Augsburg geworden war, erhielt er 1505 das Bisthum Gurk. In dieser Eigenschaft übernahm er, wie schon erwähnt, die Stelle als Coadjutor des Erzbischofs von Salzburg. Auch Maximilians Nachfolger, Kaiser Karl V. gebrauchte den nunmehrigen Salzburger Landesfürsten zu diplomatischen Sendungen. Im J. 1520 übertrug derselbe an ihn den Vorsitz über das zu Mastricht in den Niederlanden eröffnete königliche Gericht, dann begleitete Matthäus den Kaiser nach Aachen zur Krönung und später auf den Reichstag nach Worms.

Luthers Neuerungen hatten schon früher in Salzburg Eingang gefunden, der Erzbischof sah sich daher zur Anwendung jener strengen Maßregeln gezwungen, welche gegen die Verbreitung dieser Lehre auf dem erwähnten Reichstage beschlossen wurden. Da jedoch gerade durch den argen Verfall der Disciplin des eigenen Clerus dem Eindringen der neuen Lehre Vorschub geleistet wurde, so erging in dieser Richtung sowohl, wie auch um beim Landvolke dem eingerissenen Uebel vorzubeugen, ein Mandat, welches in der zu Mühldorf gehaltenen Bischofsversammlung entworfen und sodann publizirt wurde. Dasselbe enthielt die strengsten Instructionen für die Geistlichkeit und zugleich die Andeutung jener Maßregeln, welche die weltlichen Obrigkeiten gegen ketzerische Unterthanen zu treffen hatten.

Schon mächtig war aber die Zahl Derjenigen, welche sich der neuen Lehre zuneigten, und besonders in der Stadt erzeugte dieses Mandat sogar eine Gährung. Von Vielen wurden die neuen Auflagen zum Vorwande genommen und der bereits unter Leonhard gefaßte Plan, die Rechte der Bürgerschaft möglichst zu erweitern, wurde wieder gehegt. Der Erzbischof traf seine Gegenanstalten. Er besetzte vorerst die Festung Hohensalzburg, reiste dann selbst nach Tirol, warb dort sechs Fähnchen Kriegsvolkes an und zog damit durch das Innthal über Reichenhall, Großgmain bis Gröbig, wohin er die ihm getreue Ritterschaft mit ihren Knechten entbot.

Als die Bürger diese ernsten Maßregeln wahrnahmen, schickten sie sogleich eine Gesandtschaft nach Gröbig, um ihre Unterwerfung auf Gnade anzumelden. Matthäus hielt hierauf einen kriegerischen Einzug in Salzburg und der Stadtrath leistete auf dem Marktplatz kniefällige Abbitte [13]. Hierauf verlor die Stadt wieder einen Theil ihrer bisherigen Freiheiten. Diese unblutige Fehde wurde in der Folge scherzweise der lateinische Krieg genannt.

Bei der letzten Neugestaltung des Kapitels wurde demselben ein Beitrag von 1000 fl. aus den erzbischöflichen Tafelgeldern zugesprochen, welche Leistung der nunmehrige Erzbischof 1524 durch Uebergabe der Herrschaften Windischmatttrey und Kuenburg dem Domkapitel ablöste.

Trotz der Edicte von Worms verbreitete sich Luthers Lehre stets mehr und mehr, im benachbarten Oberösterreich waren schon viele Familien des ältesten Adels zur neuen Lehre übergetreten und auch in unserem Lande fand sie fortwährend neue Anhänger. Eine Zusammenkunft geistlicher Fürsten zu Regensburg konnte eben nichts anderes vornehmen als die bisherigen Mandate verschärfen, wodurch jedoch wieder eine derart gereizte Stimmung erzeugt wurde, daß es nur des geringsten Anlasses bedurfte um offenen Aufstand herbeizuführen.

Leider fand sich für Salzburg schnell eine derartige Veranlassung. Ein Priester wagte es im Sinne der lutherischen Lehre öffentlich zu predigen und wurde deßhalb auf Befehl des Erzbischofs zu lebenslänglicher Haft nach Mittersill abgeführt, jedoch auf der Reise in der Gegend von Schellenberg vom Landvolke gewaltsam befreit. Hierbei betheiligte sich vorzüglich ein gewisser Stöckl aus Bramberg, den der Landesfürst als Rädelsführer enthaupten ließ.

Durch diesen Act wurden die Bewohner des Gebirges noch mehr erbittert, die Verkünder der neuen Lehre ließen eine solche Gelegenheit nicht unbenützt und hetzten das Landvolk durch Wort und That gegen die geistlichen Obrigkeiten auf.

Der Landesfürst sah das Herannahen eines neuen Sturmes, er armirte die beiden Festungen Salzburg und Werfen, und berief im April 1525 eine Diöcesansynode, um die wirksamsten Maßregeln zu berathen. Doch schon zu hoch gingen die Wellen der Volksgährung; sie durchbrachen jeden gesetzlichen Damm und wir stehen an dem Beginne des ersten Bauernkrieges.

Ein Bruder und andere Verwandte des hingerichteten Stöckl nährten die Aufregung und ganz Pinzgau und Pongau, besonders die Bewohner des Gasteiner Thales mit der zahlreichen Knappschaft, waren sogleich eifrige Theilnehmer. Sie brandschatzten die Geistlichen, plünderten die Pfarrhöfe und zogen in der zweiten Hälfte des Monates Mai gegen Golling, welcher Ort zum Sammelplatze bestimmt war. Diese Aufrührer bildeten, sich auf ihrem Zuge überall verstärkend, eine ansehnliche Kriegsmacht und drangen nun gegen Salzburg vor. Nochmals versuchte der Erzbischof die erregten Gemüther zu besänftigen. Er sandte den Heranziehenden einige seiner Räthe entgegen und versprach ihren Beschwerden abzuhelfen, allein dieser Schritt war erfolglos. In der Nacht des 5. Juni rückten die Aufständischen in der Stadt Salzburg ein, dessen noch von früher unzufriedene Bürger ihnen leichten Eingang verschafften, und somit war die Fahne des Aufruhrs in der Hauptstadt aufgepflanzt.

Der Erzbischof zog sich mit einer Schaar seiner Getreuen auf die Festung Hohensalzburg [14]), die Bauern nahmen Besitz von der erzbischöflichen Residenz und hausten darin in der rohesten Art.

Erst nachdem alle Vermittlungsversuche sich resultatlos erwiesen, begannen die Geschütze der Festung ihr ernstes Spiel, dem täglich mehrere Bewohner zum Opfer fielen. Doch immer größer wurden die Schaaren der Empörer, es wurde der Aufstand fast im ganzen Lande organisirt und der Erzbischof erkannte, daß er mit den geringen ihm zu Gebote stehenden Streitkräften nicht mehr zureiche. Er schickte deßhalb Eilboten an Erzherzog Ferdinand von Oesterreich, an die Herzoge von Baiern und an den schwäbischen Bund.

Der erstere sandte sogleich den Landeshauptmann von Steiermark

Sigmund von Dietrichstein mit einem Heere zu Hilfe. Bei Schladming wurde jedoch diese Hilfstruppe überfallen und besiegt, Dietrichstein selbst und viele seiner Edelleute wurden gefangen genommen.

Anführer jener Streitkräfte, welche diesen Sieg erfochten, war Michael Gruber, der sich hierdurch so beliebt machte, daß man ihn der zu Salzburg stehenden Hauptmacht als Obersten vorsetzte. Sogleich begann er in energischerer Weise die Belagerung gegen die Festung fortzuführen [15]).

Die Herzoge von Baiern und der schwäbische Bund hatten selbst mit Bekämpfung der aufständischen Bauern in Schwaben und in Baiern zu thun und konnten daher erst nach Unterdrückung der dortigen Unruhen dem bedrängten Erzbischofe zu Hilfe eilen. Herzog Ludwig als oberster Feldhauptmann des schwäbischen Bundes, sammelte zu Burghausen ein Hilfscorps von beiläufig 10.000 Mann und rückte am 4. August über Laufen gegen Salzburg vor. Die Annäherung dieser Truppen rief große Verwirrung und Schrecken unter den Belagerern hervor. Von der Festung hingegen wurde das Feuer gegen die Stadt desto heftiger unterhalten, und großer Jubel herrschte unter den Belagerten über das Anrücken des Entsatzes. Nun handelte es sich darum eine Verbindung mit Herzog Ludwig herzustellen; es wurde zur Nachtzeit von der Festung ein Ausfall unternommen und hierdurch der gewünschte Erfolg erzielt. Obgleich die Baiern schweres Geschütz mitbrachten so wollte doch Herzog Ludwig eine Beschießung der Stadt möglichst vermeiden. Der baierische Feldhauptmann Georg von Freundsberg übernahm die Vermittlerrolle, er zog in die Stadt und es gelang ihm mit Hilfe des Bischofs von Chiemsee die Bauern, welche der erfolglosen Belagerung bereits müde waren, für Abschließung eines Vergleiches günstig zu stimmen. Sie eröffneten dem Bischofe von Chiemsee die Bedingungen, unter welchen sie sich ergeben wollten.

Vorläufig wurde Waffenstillstand geschlossen und nachdem der Landesfürst mit den gestellten Bedingungen sich einverstanden erklärt hatte, durch Herzog Ludwig ein umständlicher Vertragbrief (datirt Feldlager zu Salzburg am letzten August 1525) ausgefertigt, welcher in 13 Punkten die verschiedenen Stipulationen enthielt.

Sobald der Friedensvertrag unterzeichnet war, zogen die Bauern aus der Stadt ab und der Erzbischof hielt mit seinen Verbündeten am 1. September seinen Einzug. Auf dem Marktplatze bat der Bürgermeister im Namen der Stadt kniefällig um Vergebung und überreichte die Stadtschlüssel dem Herzog Ludwig.

Der Erzbischof begab sich nun nach Mühldorf und überließ die weitere Ausführung des Friedensvertrages eigens hierzu bestellten Räthen.

Die großen Unkosten dieses Krieges forderten viele Opfer und Matthäus sah sich genöthigt eine Reihe von Schulden zu kontrahiren und mehrere Schlösser, Gerichte und Mauthen, ja selbst Kleinodien, zu verpfänden [16]).

Und doch konnte man sich nur kurze Zeit des Friedens freuen, denn der Erzherzog Ferdinand von Oesterreich wollte die erlittene Niederlage seiner Truppen rächen. Es wurde Graf Niklas Salm mit einer Truppenabtheilung abgesandt, um die Schladminger für ihren Verrath zu züchtigen. Die Stadt wurde in Brand gesteckt und in einen Schutthaufen verwandelt, ihrer Freiheiten beraubt und zu einem Marktflecken herabgesetzt.

Zugleich wollte Erzherzog Ferdinand den zu Salzburg errichteten Friedensvertrag nicht anerkennen, sondern forderte für die Schladminger Vorgänge die strengste Genugthuung.

Die von dort Vertriebenen, so wie die aus der Umgebung dieses Ortes Geflüchteten suchten nun im Salzburgischen, wo sie einstweilen Unterkunft fanden, von Neuem die Fackel des Aufruhrs zu entzünden, was ihnen nur zu leicht gelang. Dieser neuen Gefahr wegen schrieb der Erzbischof 1526 einen Landtag aus.

Doch im Gebirge dauerten bemungeachtet die Zusammenrottungen fort, und endlich begannen abermals die offenen Feindseligkeiten. Die erzbischöflichen Truppen wurden bei Saalfelden zurückgedrängt und die mittlerweile auf Ansuchen des Erzbischofs eingerückten schwäbischen Truppen wurden ebenfalls zwischen Golling und Abtenau von den Bauern besiegt. Nicht besser erging es dem aus Steiermark herankommenden Franz von Thanhausen, welcher nur bis an den Tauern kam und zurückgeworfen wurde.

Durch solche Erfolge übermüthig gemacht fielen die Bauern mit zügelloser Wuth über die Schlösser Lichtenberg, Taxenbach, Fischhorn, Kaprun, Mitterfill u. a., welche sie verwüsteten. Erst als Graf Salm über Mandling einrückte gelang es die Aufständischen zu besiegen und das treu gebliebene Radstadt zu entsetzen.

Bis Ende Juni 1526 dauerte dieser in den Gebirgsgegenden mit Erbitterung geführte Kampf. Den traurigen Abschluß der Bewegung bildete die durch den Erzbischof angeordnete Bestrafung der Rädelsführer. Zu Taxenbach, Saalfelden, Zell, Mittersill, Fischhorn, Abtenau und Kuchl fanden viele Hinrichtungen statt.

War nun auch dieser dritte offene Aufstand gedämpft, so müssen wir doch erwähnen, daß die ganze Zeit hindurch die Verbreitung des Lutherthums keineswegs stille stand, sondern vielmehr durch die Verhältnisse insoferne begünstigt war, als die Regierung mit der Bewältigung der politisch Abtrünnigen vollauf zu thun hatte.

Nebstdem tauchte im Lande auch die Secte der Wiedertäufer auf, gegen welche mit aller Strenge verfahren wurde.

Dem Reichstage zu Speyer (1529), seit welchem die Lutheraner den Namen „Protestanten" führen, so wie jenem zu Augsburg im darauffolgenden Jahre, wohnte der Erzbischof persönlich bei und auf dem Kreistage zu Regensburg 1531 führte Matthäus den Vorsitz.

Er starb 1540. Kurz vor seinem Tode vertauschte er die nach St. Peter gehörige Pfarre Hallein gegen jene von Abtenau.

Während seiner Regierungszeit erließ er eine höchst wichtige Polizeiordnung für die Stadt Salzburg, ferner eine Landes- und Bergwerksordnung.

Durch die Errichtung der Hofkammer, welche nun über das Kameralwesen zu wachen hatte, wurde großen Mißbräuchen abgeholfen, ebenso verdankte das Waldwesen diesem Regenten viele nützliche Anordnungen.

In der Festung Hohensalzburg ließ Matthäus die Cisterne bauen [17]).

Das Kapitel wählte nun durch Postulation

Ernst, Pfalzgraf am Rhein, Prinz von Baiern und Administrator des Bisthums zu Passau, welcher auch unter der Bedingung die päpstliche Bestätigung erhielt, daß er im Verlaufe der nächsten zehn Jahre die Priesterweihe empfange, andernfalls aber dieser Würde entsage.

Die vielen Concilien, Synoden und Reichstage, welche durch den Protestantismus und die Gefahr neuer Türkenkriege hervorgerufen wurden, beherrschten alles Andere und wir haben nur anzuführen, daß Ernst den salzburgischen Kriegsrath einführte. Im J. 1554 zog sich derselbe von der Regierung des Landes wieder zurück, da er zum Empfange der Priesterweihe sich nicht entschloß. Er lebte bis zum J. 1560 auf der durch Kauf erworbenen Herrschaft Glatz.

Nach Abdankung Ernsts wurde 1554

Michael von Kuenburg erwählt, welcher gelegenheitlich eines Besuches, den er dem Herzoge Albert von Baiern abstattete, im J. 1560 auf der Rückreise nach Salzburg starb. Ihm folgte

Johann Jakob von Khuen-Belasy in der Regierung.

In dessen Regierungsepoche fallen die letzten Provinzial-Concilien. Er wurde vom Papste Pius IV. aufgefordert an dem 1562 wieder beginnenden Concilium zu Trient theilzunehmen. Als Abgesandte der Salzburger Metropole gingen dahin der Bischof von Lavant, ein Dominikanermönch und ein erzbischöflicher Rath.

Ein Resultat der vielen in diesem Zeitraume gehaltenen Concilien war die Errichtung der Universität zu Ingolstadt, welche von Salzburgern häufig besucht wurde.

Zu wiederholten Malen drohten in den Gebirgsgauen erneuerte Aufstände, welche aber jedesmal durch die energischen Maßregeln des Landesfürsten im Keime erstickt wurden.

Durch einen Schlaganfall wurde Johann Jakob 1579 gelähmt; er sah sich nun genöthigt den vom Kapitel gewählten Coadjutor Georg von Kuenburg anzunehmen.

Das neben der Stadtpfarrkirche befindliche Kloster der Petersfrauen wurde 1585 den hierher berufenen Franziskanern übergeben.

Die Erweiterung der Straße durch den Paß Lueg, so wie der Straßenbau zwischen Lofer und Unken, dann der Bau eines neuen Stollens im Dürnberge waren Unternehmungen dieses Erzbischofes, welcher in administrativer Beziehung thätigst eingriff. Er errichtete auch 1561 den Hofrath und das Consistorium.

In seinen schriftlichen Ausfertigungen herrscht kurze, bündige Sprache.

Johann Jakob starb 1586 und der bisherige Coadjutor

Georg von Kuenburg folgte ihm in der Regierung und schon nach sieben Monaten auch in die Gruft.

Die häufigen Vertröstungen, welche das Kapitel unter mehreren Erzbischöfen erfahren mußte, mag Hauptursache gewesen sein, daß es nun, gleich den Ständen, gewisse Bedingungen noch vor der Wahl feststellte, welche zu erfüllen der neue Landesfürst sich verpflichten mußte.

Dasselbe forderte in der diesmaligen Wahlcapitulation, daß die ersten Stellen bei den verschiedenen Dikasterien nur tauglichen Personen und vor Allen an Domherrn verliehen werden sollten.

Der 3. März 1587 wurde als Wahltag bestimmt und die Mehrheit der Stimmen einigte sich für

Wolf Dietrich von Raittenau, der, obgleich erst 28 Jahre alt, seiner vielseitigen Bildung und seines hohen Verstandes wegen zu den schönsten Hoffnungen berechtigte.

Nachdem er im Oktober die bischöfliche Weihe und das Pallium erhalten, hielt er seinen feierlichen Einzug, welches Fest durch die Anwesenheit der Herzoge Wilhelm und Ferdinand von Baiern verherrlicht wurde.

Sobald er die Zügel der Regierung übernommen hatte, erließ er nicht nur für seinen Regierungsantritt die Erlegung der Weihsteuer [18]), sondern er enthob auch von Einzahlung dieser Abgabe, welche noch für Erzbischof Georg ausständig war. Durch Acte der Wohlthätigkeit und Gerechtigkeit gelang es ihm bald die Liebe des Volkes zu erwerben.

Mit allem Eifer ging er daran in den Amtirungen der Pfleger sowohl, wie auch der landesfürstlichen Beamten durch strenge Instructionen die nöthige Ordnung einzuführen, und so wie einst Arno den Besitz seines Erzstiftes genau aufzeichnen ließ, sandte Wolf Dietrich eine Kommission in die verschiedenen Gerichte und ließ genaue Urbarien anfertigen, welche als ein Muster solcher Arbeiten bis in die Gegenwart ihre Wichtigkeit und Richtigkeit bewährten [19]).

Im Jahre 1588 reiste er nach Rom und erließ nach seiner Zurückkunft ein strenges Reformationsmandat (3. September 1588), kraft dessen er alle Jene zur Verlassung des erzbischöflichen Staates aufforderte, die der katholischen Religion nicht treu bleiben wollten.

So sehr man in Rom über den besonderen Eifer des Erzbischofs in dieser Angelegenheit erfreut war, so erzeugte doch die getroffene strenge, durch ihre Ausführungsklauseln tyrannische Maßregel viele Feinde im Lande.

An diese zur Ausrottung des Protestantismus getroffene Verfügung reihte der Landesfürst die Errichtung eines Seminars zur Bildung tauglicher Priester, kaufte zu diesem Behufe die dem Stifte St. Peter gehörige Magdalena-Kapelle sammt dem dazu gehörigen Spitalsgebäude, und übergab diese neue Lehranstalt den Franziskanern. Für die Bildung des jungen Adels sorgte Wolf Dietrich durch Errichtung eines Edelknaben-Institutes, er gab eine Ordnung für die Stadt- und Landschulen heraus und überwachte alle diese Anstalten auf das schärfste.

In das Steuerwesen suchte dieser Erzbischof dadurch mehr Richtigkeit zu bringen, daß er die bisherige Vermögenssteuer als eine Eidsteuer ausschrieb, um hierdurch eine gewissenhaftere Vermögens-Bekennung zu erzielen.

Als Kaiser Rudolf II. den Reichstag zu Regensburg 1594 ausschrieb, besuchte der Erzbischof denselben persönlich und entfaltete hierbei große Pracht, welche er überhaupt sehr liebte. Doch mehr als das glänzende Gefolge blendete die anwesenden Fürsten das geistvolle Benehmen, durch welches Wolf Dietrich die Achtung Aller erwarb und das volle Vertrauen des Monarchen gewann.

Eine Hauptaufgabe des Reichstages war die Festsetzung der Beisteuer zur Hilfe gegen die Türken, und da Salzburgs Regent seiner Eitelkeit fröhnend gegen Andere nicht zurückbleiben wollte, jedoch nicht Hoffnung hatte, daß die dadurch dem Lande aufgebürdeten Lasten von der Landschaft gutgeheißen würden, so löste er letztere auf und schrieb die nöthigen Steuern aus eigener Macht aus.

Auch dekretirte er, um die großen Kosten der Kontingentsstellung bestreiten zu können eine sogenannte Türken- oder Soldatensteuer.

Das Kirchlein zum h. Johann auf dem Imberge (Kapuzinerberge) übergab er nebst einem kleinen Wohnhause den durch ihn eingeführten Kapuzinern, begann jedoch schon 1596 den Bau des gegenwärtigen Klosters, wo vordem das sogenannte Trompeterschlößchen stand.

Als im J. 1595 Kaiser Rudolf des Erzbischofs Hilfe gegen die lutherischen Bauern in Oberösterreich in Anspruch nahm, säumte er bei der Kunde, daß Mondsee von Rebellen eingenommen sei, keinen Augenblick die kräftigsten Maßregeln zu treffen.

Dieß war um so schwieriger, als zu dieser Zeit Salzburgs Mannschaft mit den Reichstruppen gegen die Türken focht.

Wolf Dietrich gelang es einen Heerhaufen von 14.000 Mann zusammenzubringen, welchen er gegen die Rebellen abordnete; doch zogen sich diese, als sie von den getroffenen Anstalten hörten, ohne einen Kampf abzuwarten, zurück.

Die Bereitwilligkeit, mit welcher sich viele Bürger Salzburgs bei dieser Gelegenheit anwerben ließen, lohnte der Erzbischof dadurch, daß er der Stadt die unter Erzbischof Matthäus verlorne Freiheit, unter fliegenden Fahnen ihre Musterungen und Züge halten zu dürfen, wieder ertheilte.

Unterdessen dauerten in unserem Lande die protestantischen Bewegungen fort, Kommissäre und Missionäre reizten nur noch mehr auf. Doch der Landesfürst ließ, hiervon durch Berichte in Kenntniß gesetzt, die ganze Sache auf sich beruhen.

Energische Maßregeln traf Wolf Dietrich gegen Verschleppung der 1597 zu Hallein ausgebrochenen Pest, und seinen Verfügungen war es zu danken, daß die übrigen Landestheile von diesem Unglücke verschont blieben.

Den vom Erzbischofe Leonhard errichteten Friedhof zu St. Sebastian ließ Wolf Dietrich erweitern, und in der Mitte desselben die St. Gabrielskapelle erbauen. Zugleich bestimmte er dieselbe als seinen dereinstigen Begräbnißplatz.

Auch die Kirche zu Mülln wurde um diese Zeit vergrößert und das Kloster erbaut.

Im folgenden Jahre trafen das Erzstift mehrere Unglücksfälle, denn durch heftigen, lange anhaltenden Regen hatten alle Gauen durch Ueberschwemmungen zu leiden, und die hochangeschwollene Salzach riß die Stadtbrücke ab, welche damals vom Klampferergäßchen auf das Platzl im Stein führte.

Die nun neu gebaute Brücke führte vom Fleischthore (nun Löchlbogen) auf das andere Ufer. Sie war jedoch so schlecht konstruirt, daß sie bald wieder abgetragen und eine neue unterhalb dieser Stelle gebaut werden mußte.

Im Dezember desselben Jahres brach in der Domkirche Feuer aus, die Kirchenschätze und Reliquien wurden jedoch gerettet. Das alte Domgebäude wurde demolirt. Wolf Dietrich ließ zwar zur Erbauung eines neuen Münsters Pläne anfertigen, kam jedoch nicht zum Baue selbst.

Hatte dieser Regent gleich bei seinem Regierungsantritte eine entschiedene Baulust gezeigt, indem er die den Dom umgebenden

Friedhofmauern abbrechen und am Residenzgebäude Aenderungen vornehmen ließ, so fallen doch die bedeutendsten Bauten in die Zeit des 17. Jahrhunderts. Das Kapitelhaus (nun k. k. Tabak-amtsgebäude) verdankt ihm seine Entstehung[20]); der Erweiterung der Gassen und Plätze wegen mußten über 50 Häuser fallen. Die früher auf der Stadtbrücke gewesenen Fleischbänke wurden entfernt und für diese Zwecke ein eigenes Gebäude auf dem Gries aufgeführt. Den Plan des Erzbischofs Burchard II., den Frauengarten zu verbauen, welcher zu jener Zeit nicht durchzusetzen war, brachte Wolf Dietrich zur Ausführung und er schmückte diesen Stadttheil durch Aufführung des großartigen Marstallgebäudes (nun Kavallerie-Kaserne). 1607 begann Wolf Dietrich den Bau eines Schlosses am rechten Ufer der Salzach, welches er nach seiner Freundin Salome Alt[21]) „Altenau"[22]) nannte. Von übrigen Bauten müssen besonders angeführt werden: das Schloß zu Laufen und die Wallfahrtskirche auf dem Dürnberge.

Der schon von den früheren Erzbischöfen gehegte Plan der Incorporirung Berchtesgadens wurde von Wolf Dietrich ebenfalls wieder aufgenommen. Zu wiederholten Malen fanden deßhalb Verhandlungen statt, welche, einigemal sogar ziemlich weit gediehen, doch stets wieder erfolglos blieben.

Streitigkeiten, welche zwischen dem Erzbischofe und dem Herzoge Maximilian von Baiern wegen der Salzausfuhr ausbrachen, schienen dem Landesfürsten die erwünschte Gelegenheit sich in den Besitz Berchtesgadens zu setzen. Um die dortige Salzausfuhr zum Nachtheile Baierns zu sperren, besetzte Wolf Dietrich trotz dem Abrathen des Kapitels dieses Ländchen mit seinen Truppen und forderte dadurch seinen Gegner zum Kampfe heraus, bei dessen Wechselfällen er weder auf das Kapitel, noch auf die Landschaft und ebensowenig auf die Bevölkerung rechnen konnte.

Herzog Maximilian säumte nicht diesen Landfriedensbruch, welcher auch die Interessen seines Bruders Ferdinand als Propst des Stiftes Berchtesgaden schädigte, zu vergelten.

Sobald er zu Burghausen die Deputation des salzburger

Domkapitels, welche das Benehmen ihres Fürsten tadelte, empfangen hatte, rückte er mit seiner Streitkraft über Tittmoning und Laufen, nur im ersteren Orte einigen Widerstand findend, nach Salzburg.

Wolf Dietrich mochte nun wohl erkennen wie wenig Unterstützung er finden dürfte und wollte sich der Demüthigung durch die Flucht entziehen; er verließ den 23. Oktober 1611 Salzburg und entfloh in weltlicher Kleidung über Radstadt ins Lungau und von da nach Kärnthen.

Bei dieser Gelegenheit nahm er viele dem Lande gehörige Schätze und selbst Kirchenkleinodien mit sich.

Unweit Gmünd wurde der unglückliche Landesfürst von herzoglichen Reitern eingeholt [23]), gefangen genommen, zuerst nach Werfen und dann in die Festung Hohensalzburg gebracht, in welcher er bis zu seinem Tode im J. 1617 gefangen blieb [24]). Schon 1612 wurde durch den päpstlichen Nuntius diesem Erzbischofe die Resignation förmlich abgenommen, nachdem bereits früher über die künftigen Sustentations-Angelegenheiten verhandelt worden war [25]).

Die Resignation Wolf Dietrichs machte den Zusammentritt des Kapitels zur neuen Wahl nöthig, welche nach dem Ausspruche des Papstes eine freie sein sollte.

Aber gerade dießmal durfte das Kapitel nicht nach seinem Sinne stimmen. Herzog Maximilian von Baiern, welcher durch seinen kurzen Kriegszug Alles erlangte, was er in der Salzausfuhrangelegenheit erzielen wollte, ergriff diese Gelegenheit, um einen dem baierischen Thron günstig gestimmten Domherrn auf den erzbischöflichen Stuhl zu bringen.

Nur zwei Domherren saßen im Kapitel, deren willfähriger Gesinnung gegen Baiern man versichert sein konnte, nämlich: Eitel von Zollern und der Graf Marx Sittich von Hohenems. Den Ersteren fand Herzog Maximilian für zu geistreich und befürchtete daher bei seinen Plänen auf Widerstand zu stoßen; den Letzteren hingegen hielt das Domkapitel und auch der päpstliche Nuntius für die Uebernahme der Regierung zu wenig befähigt. Dem Einflusse

Baierns gelang es aber dennoch dem „nicht Gestudierten" bei der am 28. März 1612 stattgefundenen Wahl die Stimmenmehrheit zu sichern; es wurde somit **Marx Sittich** Graf von Hohenems Erzbischof.

Gegenüber seinem Protektor, dem Herzoge Maximilian von Baiern, mußte er sich verbinden die durch den letzten Kriegszug erlaufenen Unkosten von 150.000 fl. an Baiern zu bezahlen und der katholischen Liga beizutreten.

Eine feierliche Procession am Vorabende des St. Ruprechtstages im J. 1612, Stiftung von Bruderschaften, Wiedereinführung einiger durch seinen Vorgänger abgeschaffter Feiertage, verschärfte Fastengebote und Publicirung einer Stolordnung waren die ersten Maßregeln dieses Fürsten.

Marx Sittich legte im April 1614 den Grundstein zur Domkirche, deren Baurisse durch den berühmten Architekten Scamozzi angefertigt wurden. Die Ausführung des Baues scheint aber Santino Solari übernommen zu haben, denn diesen Baumeister beschäftigte der Erzbischof auch bei seinen Neubauten zu Hohenems.

Hatte Wolf Dietrich, obgleich Oberhaupt der Salzburger Kirche, seiner Geliebten ein Schloß gebaut und dasselbe mit verschwenderischer Pracht eingerichtet, hatte dieser Erzbischof durch Schenkung von Gütern und Häusern die Zukunft seiner Geliebten so wie die ihrer Kinder zu sichern getrachtet, so kann es wohl nicht befremden, daß der übrige Clerus bei solchem Beispiele die kirchliche Disciplin stark bei Seite setzte. Dieß veranlaßte nun seinen Nachfolger den eingerissenen Mißbräuchen durch scharfe Dekrete zu steuern.

Auf jene strengen Maßregeln gegen die Protestanten, welche Wolf Dietrich bei Beginn seiner Regierung dekretirte, war bald vollkommene Gleichgiltigkeit gefolgt, daher namentlich im Pongau die Ausübung der katholischen Religion fast erlosch. Ja es kam soweit, daß Radstadt bei dem nunmehrigen Erzbischofe um die Anstellung eines protestantischen Predigers bittlich wurde.

Marx Sittich säumte nun nicht das Reformationswerk auf

das ernstefte zu betreiben. Durch die ausgesandten Missionäre, durch militärische Assistenzen und durch Drohungen erzielte man ein anscheinend günstiges Resultat, denn die offiziellen Berichte enthalten die Anzeige der Bekehrung von 10.000 Seelen. Doch die Glut glimmte unter der Asche fort, bis sie endlich im 18. Jahrhundert, von Außen angefacht, als helle Flamme aufloderte.

Nicht unerwähnt können wir es lassen, daß um diese Zeit der Erzbischof auf der seinem Bruder Kaspar gehörigen Herrschaft Hohenems, um Handel und Industrie zu heben die Einwanderung der Juden in jeder Art begünstigte.

Den 16. Jänner 1617 starb auf Hohensalzburg Erzbischof Wolf Dietrich. Derselbe hatte zwar angeordnet ohne alles Gepränge in der von ihm erbauten St. Gabriels-Kapelle beerdigt zu werden, doch Marx Sittich verordnete ein Begräbniß wie es der hohen Würde des Verblichenen gebührte, um, wie er in seiner Mittheilung an das Domkapitel anführte, üblen Nachreden auszuweichen.

Die Linzerstraße war früher in der Gegend der jetzigen Kapuzinerstiege durch ein Thor abgeschlossen, welches das „Osterthor" hieß. Da nun Marx Sittich am Ende der Linzer Straße das Sebastianthor bauen ließ, somit ersteres zwecklos war, wurde es in den ersten Monaten 1617 abgetragen.

Der Plan, eine höhere Lehranstalt in Salzburg zu errichten, wurde von mehreren früheren Landesfürsten schon ins Auge gefaßt, der Ausführung standen jedoch stets solche Schwierigkeiten im Wege, daß dieses wichtige Project fallen gelassen wurde. Erzbischof Marx Sittich gebührt das Verdienst diese Hindernisse überwunden zu haben. Die Theilnahme mehrerer Klöster des Benediktiner-Ordens sicherte die Uebernahme der Lehrkanzeln; schon im J. 1618 ließ Marx Sittich mit dem Baue des Wohngebäudes für die Professoren auf dem Grunde des ehemaligen Frauengartens beginnen und im Monate Mai wurde der Grundstein zur Kapelle des h. Carl von Borromä (dem sogenannten Sacellum) durch den Dompropst Paris Graf von Lodron gelegt.

Als im J. 1619 Ferdinand, König von Ungarn und Böhmen, zur Kaiserwahl nach Frankfurt sich verfügte, wurde er von Marx Sittich mit großem Aufwande empfangen, und der Erzbischof willfahrte auch seinem Ansuchen um ein Darlehen von 50.000 fl., wegen dessen er jedoch mit dem Domkapitel unangenehme Verhandlungen zu bestehen hatte.

Sobald die Wahl Ferdinand II. zum römischen Kaiser vollzogen war, wurde der Erzbischof durch einen eigenen Courier hiervon in Kenntniß gesetzt, und auf der Rückreise berührte der Kaiser am 10. Oktober wieder Salzburg, traf jedoch Marx Sittich nicht mehr am Leben; derselbe war Tags vorher im Alter von 45 Jahren gestorben.

Auch diesen Erzbischof beseelte rege Baulust. Das Lustschloß Hellbrunn wurde in der ersten Zeit seiner Regierung (1613), und kurze Zeit darnach das sogenannte Monatschlößchen und der Sitz Emsburg erbaut.

Die Seele der Regierungsgeschäfte unter diesem Erzbischofe war Thomas Perger von Emslieb, hochfstl. Geheimrath und Hofuntermarschall.

Bald nach dem Tode des Erzbischofes Marx Sittich verfaßte das Domkapitel die Wahlkapitulation, welche jedes Glied des Kapitels beschwören mußte.

Den 15. November 1619 wurde der Domprobst **Paris** Graf von Lodron zum Erzbischofe erwählt.

Kaum hatte dieser energische und geistreiche Fürst die Züge der Regierung erfaßt, so traf er nach jeder Richtung hin Anordnungen, welche dem Lande zum Nutzen gereichten.

Der bisherigen Gepflogenheit die landesfürstlichen Pflegen zu verpachten, wurde sogleich ein Ende gemacht.

In den ersten Tagen des J. 1620 machte Paris Lodron dem Herzoge Maximilian von Baiern seinen Besuch; zurückgekehrt von München gab der Erzbischof die bisher geführte Dompropstei an das Domkapitel zurück.

Da sich die unter Wolf Dietrich gebaute Stadtbrücke als nicht ausreichend stark erwies, wurde sie abgetragen, nachdem eine neue an der Stelle wo die gegenwärtige steht, gebaut worden war.

Erzbischof Paris trachtete sogleich die verschiedenen Artikel der beschwornen Wahlkapitulation in Erfüllung zu bringen. Der wichtigste Punkt derselben war die Wiedererrichtung der durch Wolf Dietrich aufgelösten Landschaft und schon auf den 1. Juni 1620 wurde der neue Landtag einberufen, welchen Erzbischof Paris in eigener Person eröffnete. Die Landschaft hatte nun die Steuergefälle über sich und mußte alle gemeinen Landesbürden tragen, zugleich aber auch die Schuldenlast der Hofkammer übernehmen.

Die Landtafel war aus den drei Ständen: Prälaten, Ritter- und Bürgerstand zusammengesetzt und sie wählte zur Erledigung der keinen Aufschub erleidenden Geschäfte den „kleineren Landschafts-Ausschuß."

Gegen die stets sich mehrenden Anforderungen der katholischen Liga — welcher Paris in Folge der Wahlkapitulation beigetreten war — protestirte er standhaft, da solche den Ruin des Erzstiftes nach sich ziehen müßten.

Auch später gestellte erneuerte Forderungen der Liga wies Paris mit Standhaftigkeit zurück. Obgleich die Fürsten dieser katholischen Union früher sowohl am kaiserlichen Hofe wie auch bei dem Papste über die Unwillfährigkeit des Erzbischofs Klage führten und hierdurch die Bestätigung desselben in die Länge zogen, so mußten sie sich endlich doch überzeugen, daß der Salzburger Landesfürst das Möglichste leiste.

Erst 1621 langte die päpstliche Bestätigung an und Paris erhielt hierauf im Monate Mai die bischöfliche Weihe.

Die Gefahren des 1618 begonnenen Krieges währten fort und ganz Deutschland schien in einen Waffenplatz verwandelt. Paris Lodron versäumte nicht sein Land gegen äußere Angriffe zu schützen.

Wiederholt wurde Kriegsrath gehalten und in einem solchen der Beschluß gefaßt eine bedeutende Zahl von Soldaten anzuwerben,

und sowohl die Hauptstadt wie auch die Päffe und Gränzen durch
Befestigungen zu schützen.

Noch im Laufe des J. 1621 wurde mit der Verschanzung
der Päffe begonnen und gegen Ende des genannten Jahres die
Skarpirungsarbeiten am Mönchsberge in Angriff genommen.
In die Schlöffer auf dem Lande wurden kleine Besatzungen
gelegt, das Landvolk aller Orten in dem Gebrauch der Waffen
unterrichtet; kurz es wurden mit Rührigkeit alle Anstalten gegen
die Gefahren eines auch auf unser Land sich ausdehnenden Krieges
getroffen.

Im J. 1622 fing man mit den Befestigungsarbeiten der bis
dahin nur mit einer Mauer umgebenen Stadt Salzburg an, und
zwar in der Strecke vom Schlosse Mirabell bis zum Vitalisthore;
im darauffolgenden Jahre wurde vom Mirabell- oder Virgilithore
bis zum St. Ruperts- oder Linzerthore fortgefahren.

Zu derselben Zeit wurde auch die Strecke von der Freiherr
Rehlingischen Behausung (gegenwärtig Eigenthum des Baron Imhof)
bis gegen das Nonnthal durch Befestigungen verstärkt, das alte
Nonnthalerthor zugemauert und die Communication durch die St.
Ehrentraubs- oder Cajetaner-Pforte vermittelt.

Zu diesen verschiedenen Bauten verwendete der Erzbischof zum
großen Theile Soldaten, da sich in der Stadt viel Kriegsvolk
angesammelt hatte.

Uebrigens sandte Paris Lodron bereits im J. 1620 auf
Ansuchen des Erzherzogs Leopold von Oesterreich drei Fähnchen
gegen die protestantischen Graubündtner. Als im J. 1621 letztere
in Tirol einbrachen, beorderte der Erzbischof ein Fähnlein zur
Besetzung Innsbrucks.

Kaiser Ferdinand II. kam im J. 1622 sowohl auf seiner
Reise nach Innsbruck, wie auch nach der Hochzeit mit Prinzessin
Eleonora durch Salzburg und wurde jedesmal feierlich empfangen.

Als durch den Kreisabschied von Landshut erneuerte Geldleistungen gefordert wurden, um den Deutschland in Angst versetzenden
Streifzügen des Grafen von Mansfeld zu begegnen, ließ Paris

durch seine Gesandten die Erklärung abgeben: er werde zwar keine Geldaushilfe leisten aber seinen Antheil an guter Mannschaft stellen und ohne Weigerung besolden.

Den von Kaiser Ferdinand II. ausgeschriebenen Chur- und Fürstentag zu Regensburg besuchte der Erzbischof persönlich und verblieb dort bis zum Monate März 1623. Bei dieser Gelegenheit erklärte der Salzburger Landesfürst gegenüber den erneuerten Anforderungen der Liga: er wolle sich verbinden als katholischer Fürst hilfreiche Hand zu bieten und 500 Mann Küraffiere unterhalten, doch unter der Bedingung, daß sein Land von ferneren Reichs- und Kreisabgaben verschont bleibe.

Zurückgekehrt vom Fürstentage setzte Paris die Anordnungen für die Befestigungsarbeiten fort; das versprochene Hilfskontingent an Reitern wurde ausgerüstet und überdieß mit Energie die Aufstellung einer zahlreichen Landwehr zum Schutze des Erzstiftes angeordnet.

Während in allen Theilen des Landes mit Eifer die von Paris getroffenen Anordnungen durchgeführt wurden, kämpften Salzburgs Truppen mit anerkannter Bravour und Tapferkeit. Graf Tilly schrieb in seinem Berichte über den glänzenden Sieg bei Stadtlohn einen großen Antheil dem als Vorhut verwendeten salzburgischen Regimente unter dem Kommando Mortaigne's zu.

Nach dem Einfalle des Schwedenkönigs Gustav Adolf in Deutschland kamen wieder verschiedene Geldanforderungen den Reichsfürsten gegenüber an die Tagesordnung, doch Erzbischof Paris hielt sich strenge an die bereits gemachten Zusagen und wies jede weitere Last mit würdiger und fester Sprache von sich.

Als die Schweden 1631 bei Leipzig über die Katholischen siegten, betrieb Paris Graf Lodron bei der erhöhten Gefahr, welche Deutschland nun bedrohte, mit aller Energie die weiteren Arbeiten zur Befestigung seiner Residenzstadt.

Durch weise Vorsichtsmaßregeln des Erzbischofs wurde sowohl die Sicherung des Landes gegen äußere Feinde erhöht und das unbedingte Vertrauen der Unterthanen in die Regierungsanord-

nungen gekräftigt, sowie auch Salzburg dadurch eine Zufluchts=
stätte für die durch die Schrecken des Krieges aus Deutschland Geflüchteten wurde.

Als Gustav Adolf sich den Uebergang über den Lech erzwungen
hatte, flüchtete des Churfürsten Maximilian Gemahlin Elisabeth
sammt ihrem Hofstaate aus der Residenz zu München nach Salzburg und brachte bei dieser Gelegenheit das Gnadenbild von
Altöttingen hierher, welches zur Anbetung im Salzburger Dome
aufgestellt wurde.

Stets wandte der Landesfürst sein Auge den Kriegsvorfällen zu. Nebst dem regulären Militär wurden die Landfahnen
aufgeboten um die Wälle und Außenwerke zu besetzen. Doch nicht
diese Anordnungen allein wirkten beruhigend, sondern der Umstand,
daß der Landesfürst selbst, die Seele des ganzen Schaffens, darüber
wachte, zu jeder Zeit strenge Mannszucht hielt, den Leuten Muth
zusprach und öffentlich die Versicherung abgab, daß er seine Hauptstadt nicht verlassen sondern mit Leib und Leben vertheidigen werde.

Obgleich bisher das Kriegstheater Salzburgs Gauen ferne
blieb, so unterließ der Erzbischof doch nicht in seinen Verthei-
digungsanstalten fortzufahren. Im J. 1634 war die Befestigung
des Kapuzinerberges so wie der Vorstadt Stein vollendet und 1635
wurden einige Außenwerke an der Festung Hohensalzburg so wie
das Bollwerk (die Katze) als Abschluß gegen den Mönchsberg
hergestellt.

Um den Bürgern die beständigen Lasten der Einquartierungen
zu erleichtern, ließ Erzbischof Paris 1641 die Kaserne auf dem
Gries [26]) erbauen. Die Vollendung dieses Gebäudes fällt jedoch in
die Regierungszeit seines Nachfolgers.

Die fortdauernden Kriegsrüstungen bedingten immer neue
Einzahlungen. 1637 sollte Salzburg nach Inhalt der Reichsmatrikel
über 400.000 fl. an Kriegscontribution zahlen, doch wurde dieser
Betrag in Folge der Vorstellungen des Erzbischofs um 100.000 fl.
gemindert. Wegen Einbringung dieser Geldsumme mußte, im Ein-
verständnisse mit der Landschaft, die „Leibsteuer" ausgeschrieben werden.

Der Einfall des schwedischen Feldmarschalls Torstenson in Böhmen und besonders sein Vorrücken nach dem im März 1645 über die Katholischen erfochtenen Sieg bei Jankau brachte die Kriegsgefahr wieder näher und vermehrte die Anstrengungen zu einem möglichst erfolgreichen Widerstande. Noch verhängnißvoller wurden für Salzburg die Verhältnisse nach der Kapitulation des Churfürsten Maximilian von Baiern, in Folge deren von den Marschällen Wrangel und Turenne die Einquartierung und Verpflegung eines Theiles ihrer Truppen auf salzburgischem Gebiete verlangt wurde. Doch wies der Erzbischof diese Anforderung entschieden zurück.

Mittlerweile hatte Maximilian von Baiern den abgeschlossenen Waffenstillstand wieder gekündigt, worauf Franzosen und Schweden im Mai 1648 abermals in Baiern einfielen und die Kaiserlichen und Baiern zwangen vorerst den Lech, dann die Isar zu verlassen.

Churfürst Maximilian sah sich zur Flucht genöthigt; den 8. Juni traf dieser Fürst mit seinem ganzen Gefolge in Salzburg, das ihn vor 36 Jahren als Sieger triumphirend einziehen sah, Schutz suchend ein.

Den 19. Juni besetzten feindliche Truppen Mühldorf, zogen jedoch nach kurzer Zeit wieder ab, ohne eine Brandschatzung vorgenommen zu haben.

Endlich im Oktober 1648 kam der heißersehnte Frieden zu Stande, nachdem durch 30 Jahre die Schrecknisse des Krieges geherrscht hatten.

Haben wir nun gesehen wie der geistreiche Regent des Landes Salzburg während diesen stürmischen Zeiten für die öffentliche Sicherheit und das allgemeine Wohl sorgte, so wollen wir auch sein sonstiges Wirken berühren.

Bald nach dem Antritte der Regierung dachte der Landesfürst eifrig daran, das durch seinen Vorfahren gestiftete Gymnasium zu einer vollständigen Universität zu erheben. Schon im März 1620 stellte Kaiser Ferdinand II. die Urkunde aus, wodurch das bisherige Gymnasium zu einer Universität mit allen Rechten und Befugnissen anderer Universitäten Deutschlands erhoben wurde.

Die Zeitumstände verzögerten jedoch noch mehrere Jahre die faktische Errichtung der Hochschule, denn die Kriegserfordernisse verschlangen nicht nur die vorhandenen pekuniären Hilfsmittel, sondern machten überdieß Anlehen und neue Steuerausschreibungen nöthig. Im J. 1623 wurde der Vertrag geschlossen, daß das Lehramt an der zu errichtenden Universität dem Benedictiner-Orden übertragen werden sollte. Der Erzbischof widmete zu diesem Zwecke mit Einwilligung des Domkapitels ein Kapital von 72.000 fl., dessen Interessen zum Unterhalte der Professoren bestimmt wurden.

Den 11. Oktober 1623 geschah die feierliche Eröffnung der Universität. In demselben Jahre kam das Seminar, welches Erzbischof Wolf Dietrich im Kai angelegt hatte, in die Gstätten, da das von den barmherzigen Brüdern verlassene Gebäude hierzu bestimmt wurde.

Das Auftreten der Pest im J. 1625 nöthigte Paris seinen Aufenthalt einige Zeit in Hellbrunn zu nehmen, doch mit Ende Oktober war die Epidemie wieder als erloschen zu betrachten.

Wie dieser Erzbischof die Lehranstalt, welche sein Vorgänger ins Leben rief, erweiterte, so setzte er auch trotz der ungünstigen Zeitverhältnisse den von Marx Sittich begonnenen Bau der Domkirche fort und brachte denselben im J. 1628 zur Vollendung. Nachdem den 24. September des erwähnten Jahres die feierliche Uebertragung der Reliquien der beiden h. Bischöfe Rupert und Virgil in den neuen Dom in glänzender, zahlreicher Procession geschehen war, erfolgte den 25. die feierliche Einweihung [27]).

So wie die Ausführung des Dombaues, standen auch die Befestigungsarbeiten unter dem geschickten Baumeister Santino Solari, jedoch wurden für letztere die Pläne durch einen kaiserlichen Ingenieur angefertigt, dessen Name nicht bekannt ist [28]).

Erzbischof Wolf Dietrich hatte einen Theil der in Steiermark gelegenen erzstiftlichen Herrschaften zum Nachtheile des Landes verkauft. Dem sorgsamen Landesfürsten Paris konnte dieß nicht gleichgiltig sein, und sein Bemühen, den Wiederkauf durchzusetzen, war von Erfolg begleitet. Das Einkommen des Erzstiftes vermehrte Lodron durch Ankauf der Bergwerke zu Großarl und Flachau.

Während ganz Deutschland unter Drangsalen und Verwüstungen schmachtete, gelang es diesem Fürsten ein wahrer Vater seines Volkes zu sein. Abgesehen davon daß durch sein erfolgreiches Wirken das Land Salzburg von jedem feindlichen Einfall und von Durchmärschen der Krieg führenden Parteien verschont blieb, fand Paris inmitten dieser stürmischen Zeiten noch die Mittel zu verschiedenen wohlthätigen Stiftungen. Wir nennen die Gründung der Schneeherrenstiftung und jene des Frauenklosters Loretto in Salzburg. Als Erziehungsanstalten stiftete dieser weise Erzbischof das Marianische und Rupertinische Kollegium.

Nachdem Paris Lodron zum Wohle des Landes durch 34 Jahre regiert hatte, starb er im 67. Lebensjahre, den 18. Dezember 1653 im Schloße Mirabell.

Er wurde feierlich in dem von ihm ausgebauten und eingeweihten Dome beigesetzt.

Friedlicher als die letzten Jahre verlief die Zeitperiode, während welcher

Guidobald Graf von Thun regierte.

Er war Domdechant und Präsident des Consistoriums, als ihn die Wahl des Domkapitels am 5. Februar 1654 zur erzbischöflichen Würde berief.

Kaum hatte Guidobald die Regierung übernommen, als er auch schon darauf bedacht war dem Lande die schweren Bürden, welche die vorhergegangenen Kriegszeiten auferlegten, nach Möglichkeit zu erleichtern. Er hob die außerordentlichen Steuern auf und gab durch Reduzirung des Militärs der Landschaft das Mittel zu bedeutenden Ersparnissen an die Hand.

Der Universität bestätigte Guidobald nicht nur alle früheren Freiheiten und Begünstigungen, sondern er vermehrte dieselben auch durch neue. Im J. 1656 erweiterte der Landesfürst diese Hochschule durch die Errichtung einer medizinischen Fakultät, die jedoch nach einigen Jahren wieder einging.

Den Besuch des Churfürsten Ferdinand Maria im J. 1659 erwiederte der Erzbischof im folgenden Jahre, indem er mit zahlreichem Gefolge sich nach München begab und dort die h. Taufhandlung an der erstgebornen churfürstlichen Prinzessin vollzog.

Die heftigen Regengüsse des J. 1661 verursachten Ueberschwemmungen, welche durch Einbrechen der Wasserwerke viel Schaden anrichteten. In der Stadt Salzburg riß die hochangeschwollene Salzach ebenfalls die Brücke hinweg, welche der Erzbischof an derselben Stelle wieder bauen ließ.

Kaiser Leopold ernannte Guidobald im J. 1662 zu seinem Stellvertreter (Prinzipal-Kommissär) für den ausgeschriebenen Reichstag zu Regensburg. Diese ehrenvolle Bestimmung hielt den Landesfürsten aus seiner Residenz Salzburg ferne und nöthigte ihn von da an fast beständig zu Regensburg zu residiren.

Noch mehr wurde er an diesen Ort durch die Wahl zum Bischofe von Regensburg gefesselt.

Die großen Verdienste, welche Guidobald in den ihm übertragenen Wirkungskreise sich erwarb, erhielten Anerkennung durch die ihm 1667 verliehene Kardinalswürde.

Doch im Lande Salzburg wurden die Stimmen immer lauter, welche die Unzufriedenheit mit der langen Abwesenheit ihres Landesfürsten ausdrückten. Nicht nur daß durch die Entfernung des Hofstaates Handel und Industrie Nachtheile erfuhren, und überdieß von der Landschaft bedeutende Geldsendungen nach Regensburg geschahen, um den erzbischöflichen Haushalt der zu repräsentirenden hohen Würde gemäß führen zu können, sondern es erlitten auch die Regierungsgeschäfte hierdurch bedeutende Verzögerungen.

Von dem Wunsche des Volkes hörend, verließ Guidobald ungeachtet der Gegenvorstellungen des Papstes Regensburg und kehrte nach Salzburg zurück. Nicht lange aber konnten sich dessen Bewohner der Rückkunft ihres Landesfürsten freuen, denn den 1. Juni 1668 starb er nach kurzem Krankenlager an einem heftigen Fieber.

Während der vierzehnjährigen Regierung Guidobalds wurde die Residenzstadt mit mehreren neuen Bauten geschmückt. Schon im J. 1655 ließ dieser Erzbischof die zwei Glockenthürme der

Domkirche ausbauen; auch die beiden Bogengänge, welche den Domplatz abschließen und die Kirche mit der Residenz und dem Kloster St. Peter verbinden, sind Werke jener Zeit.

Die Herstellung einer dem Residenzprospekte gleichen Façade zur Verschönerung des Domplatzes gab zu langen Verhandlungen mit dem Kloster St. Peter Anlaß.

Eine Hauptzierde erhielt unter Guidobald der Residenzplatz durch den von Andrä van der Veldt angefertigten Hofbrunnen, dessen vollkommene Beendigung aber in spätere Zeit fällt.

Guidobald's Nachfolger wurde durch die Wahl des Domkapitels der bisherige Bischof zu Seckau

Maximilian Gandolf Graf von Kuenburg.

Nach Eintreffen der päpstlichen Bestätigung hielt der neue Landesfürst seinen feierlichen Einzug. Bisher war es üblich, daß der jeweilig gewählte Erzbischof bis zum Einlangen der Bestätigung im Schlosse Freysaal blieb und von dort aus in die Residenz einzog. Max Gandolf war der Erste, welcher von diesem althergebräuchlichen Gebrauche abwich und vom Schlosse Mirabell aus unter dem Donner der Kanonen seinen Eintritt in die Stadt hielt und dann im Residenzgebäude die allgemeine Huldigung entgegennahm.

Die eben herrschende Theuerung gab diesem Landesfürsten die Gelegenheit gleich bei seinem Regierungsantritte die Herzen seiner Unterthanen durch Wohlthaten zu gewinnen; er öffnete die reichen Fruchtkammern sowohl den Armen der Stadt wie auch den dürftigen Bewohnern des Landes.

Nur zu bald erhielt der Erzbischof eine neue Veranlassung zum Wohlthun. Schon in früheren Jahren, namentlich 1614 und 1665 lösten sich von der Mönchsbergwand, an welche die Häuser der Gstättengasse angebaut sind, größere Felstrümmer los, beschädigten Gebäude, verwundeten und tödteten einzelne Personen.

Doch das größte derartige Unglück ereignete sich den 16. Juli 1669. Gegen 3 Uhr Morgens stürzte eine große Felswand von diesem Berge ab und verschüttete 2 Kirchen, 1 Kapelle und 14 Häuser. Ueber 200 Menschen wurden unter dem Felssturze begraben.

Der Erzbischof unterstützte in freigiebigster Weise die vom Unglück Betroffenen. Von dieser Zeit an wurde die öftere Untersuchung der Felsenabhänge angeordnet.

Im Jahre 1671 legte Max Gandolf den Grundstein zu der Wallfahrtskirche Maria Plain. Die Geschichte des dort aufbewahrten Madonnabildes theilen wir im Anhang mit [29]).

Max Gandolf errichtete 1672 eine eigene Hofbibliothek, welche von jedem der folgenden Erzbischöfe bereichert wurde. Im J. 1807 wurde diese Hofbibliothek mit der Universität vereinigt.

Das Einrücken der französischen Truppen im Churfürstenthume Trier, dann die Besetzung der elsäßischen Reichsstädte hatten den Anschluß des deutschen Reichstages an den Kaiser zur Folge. Die Fürsten desselben traten 1674 gegen Frankreich mit in den Kampf. Deßhalb fand sich auch Max Gandolf bewogen ein Kontingent von drei Kompagnien zur kaiserlichen Armee abzusenden [30]).

Die Neutralitätserklärung Baierns schien ebenfalls geeignet besondere Vorsicht nöthig zu machen; es wurden die Befestigungen der Stadt Salzburg sowohl wie auch jene der Pässe im Lande ausgebessert und armirt, kurz man traf alle Anstalten um kräftigen Widerstand leisten zu können.

In der Rechtspflege traten unter Max Gandolf ebenfalls bedeutende Veränderungen ein. Wie bekannt war in früherer Zeit die Kriminalrechtspflege dem Vicedom und dem Stadthauptmanne übertragen, daher der Name: Vicedoms- oder Hauptmanns-Händel (Handlungen).

Nach Einführung des Hofrathes hörte die Selbstständigkeit der beiden Ersteren auf und 1567 wurde unter Johann Jakob die im ganzen deutschen Reiche bereits angenommene Halsgerichtsordnung Carl V. auch für Salzburg publizirt.

Erzbischof Max Gandolf ließ 1677 eine neuerliche peinliche Gerichtsordnung ergehen, welche in Verbindung mit der Carolina bis in die neueste Zeit als Norm galt.

In die Regierungszeit dieses Landesfürsten fällt der Beginn des bis in die Gegenwart sich fortsetzenden wissenschaftlichen Streites über das wahre Zeitalter des h. Rupert. Der berühmte Gelehrte Mabillon war es, welcher der allgemeinen bisher geltenden Meinung sich abwandte und hierdurch die Gelehrten durch mehrere Jahrhunderte zu diesem wissenschaftlichen Turniere forderte.

Damals hing man jedoch der Meinung an, der h. Rupert habe im J. 582 die Salzburger Kirche gestiftet, und dieser Ansicht verschaffte man auch Geltung durch die im J. 1682 veranstaltete elfhundertjährige Jubelfeier.

Der Landesfürst, die Stände und die Bewohner von Stadt und Land boten Alles auf um dieses Fest in kirchlicher und weltlicher Weise mit möglichster Pracht zu feiern. Es dauerten die verschiedenen Andachten und Volksbelustigungen volle acht Tage[31]).

Dem Jubeljahre folgte ein Jahr großer Bekümmerniß, denn 1683 fielen die Feinde der Christenheit, die Türken, in Ungarn ein. Salzburg sandte sein Kontingent von 820 Mann zur kaiserlichen Armee, welche später auch an der Vertheidigung Wiens rühmlichen Antheil nahmen [32]).

Nach dem glücklichen Entsatze Wiens war die Türkengefahr vorüber, aber ein neuer Feind des Erzstiftes trat im J. 1685 innerhalb seiner eigenen Gränzen auf.

In dem zum Pflegamte Windischmattrey gehörigen Thale Tefferecken trat der Protestantismus wieder offen hervor. Wenigstens hatte man nun hierfür wieder ein schärferes Auge, während in den vorhergegangenen kriegerischen Zeiten derlei Beobachtungen entweder gar nicht berücksichtigt wurden, oder der Abfall von der christkatholischen Lehre sich mehr im Verborgenen fortpflanzte.

Auf die hierüber erstattete Anzeige sandte der Erzbischof Kapuziner nach jenem Thale, welche die Abtrünnigen belehren sollten. Wie es in allen früheren derlei Fällen geschah, ebenso erging es nun wieder. Was früher im Verborgenen geschah trat nun offen an den Tag, und Hand in Hand mit der Widersetzlichkeit gegen die beabsichtigte Belehrung ging der offene Trotz gegen die weltlichen Behörden. Man schritt wieder zu der Maßregel den zum Lutherthume Uebergetretenen die Auswanderung anzubefehlen.

Es knüpfte sich jedoch eine Verordnung daran, welche allgemeine Erbitterung hervorrief, indem der Landesfürst anordnete, daß die Kinder der Auswanderer, welche das 12. Lebensjahr noch nicht erreicht haben, im Erzstifte zurückzubehalten seien.

Die Publizirung des Auswanderungsbefehles fiel auf den 7. November 1684; schon waren die Gefilde der Gebirgsthäler mit Schnee bedeckt, und die Auswanderer, welche bis zu ihrer Ausweisung aus dem Lande nur mehr eine Zeitfrist von vierzehn Tagen hatten, wandten sich an den Erzbischof mit der Bitte, es möge ihnen der Termin zur Reise bis zum kommenden Frühjahre erstreckt werden. Diese Bitte wurde ihnen jedoch abgeschlagen.

Bis Ende 1685 belief sich die Zahl der Auswanderer auf beiläufig 800 Seelen.

Vereinzelt stand dieser Fall aber nicht, denn auch ein großer Theil der Bergarbeiter auf dem Dürrnberge wandte sich der protestantischen Lehre zu. Es wurden jedoch trotz dem Bekanntsein dieser Sachlage keine Maßregeln dagegen genommen, bis endlich 1684 durch Zusammenwirken mehrerer Umstände die bisherige stillschweigende Toleranz zu Ende ging und auch für diese Abtrünnigen die für die Tefferecker erschienenen Verfügungen Geltung erhielten.

Max Gandolf wurde zwar von den protestantischen Ständen Deutschlands seiner Maßregeln wegen hart angegangen und zu wiederholtenmalen bei dem Kaiser verklagt. Seine Erwiderung beschränkte sich aber stets auf die Hinweisung, daß er als katholischer Fürst und Primas von Deutschland für die Aufrechthaltung der katholischen Lehre sorgen müsse und keine Irrlehre daneben dulden könne.

Was die Wegnahme der Kinder betrifft, spricht sich der Erzbischof wiederholt dahin aus, daß ihnen nach erlangter Volljährigkeit die Wahl der Religion freigestellt sei.

Max Gandolf war der Stifter der Cajetanerkirche und des
Klosters, er ließ 1683 Theatinermönche von München kommen und
1684 wurden wegen Erbauung der Kirche und des Klosters mit
dem Baumeister Zugalli die Kontrakte abgeschlossen ³³).

Den Ausbau selbst erlebte der Erzbischof nicht mehr, ebensowenig war es ihm beschieden als Cardinal, welche Würde ihm
Papst Innocenz XI. im Jahre 1687 verlieh, seinen Einzug halten
zu können, denn als der Cardinalshut anlangte, war Max Gandolf bereits erkrankt. Den 3. Mai 1687 verschied er im 64.
Lebensjahre.

Die bis zur Bestätigung des neu gewählten Erzbischofes eingetretene Regierung des Domkapitels zeichnete sich durch Willkür-
lichkeiten und Mißwirthschaft aus. Der 31. Juni wurde als Wahltag bestimmt.

Anfänglich waren die Stimmen getheilt, beim 2. Wahlgang
erhielt die Stimmenmehrheit

Johann Ernst Graf von Thun, welcher sodann unter dem
Jubel des Volkes als Erzbischof ausgerufen wurde.

Bis zum Einlangen der päpstlichen Bestätigung bezog der
Gewählte die Sommerresidenz Mirabell und den 2. August hielt
er seinen Einzug in die Stadt um die Huldigung entgegen-
zunehmen.

Kaum hatte Johann Ernst die Regierung angetreten, so wurde
er in einen Conflikt mit den protestantischen Fürsten Deutschlands
verwickelt. Die unter der früheren Regierung ausgewanderten
Tefferecker versuchten alle Mittel um ihre Kinder zu erhalten, welche
im Erzstifte zurückbehalten wurden.

Der Erzbischof blieb jedoch standhaft bei der Ausführung jener
Anordnungen, welche sein Vorgänger zur Aufrechthaltung der
katholischen Religion getroffen hatte und wurde darin durch die
nachbarliche Regierung zu Innsbruck auf das Kräftigste unterstützt.

Eine weitere Quelle von Verdrießlichkeiten für den Landesfürsten war die aus 95 Punkten bestehende Wahl-Capitulation,

denn in Folge ihrer Bestimmungen standen Erzbischof und Domkapitel sich häufig gegenüber.

Es mußte daher dem Erzbischof die 1695 erschienene päpstliche Bulle höchst willkommen sein, durch welche die Wahlkapitulationen als ungiltig erklärt und jede auf eine solche Kapitulation geschehene Eidesleistung entkräftet wurde. Zur Giltigkeit einer Wahlkapitulation war von nun an die päpstliche Bewilligung erforderlich.

Als sich das Domkapitel trotz alledem nicht nachgiebig zeigte, sandte der Erzbischof endlich die Akten nach Rom, von wo aus Alles zu Gunsten Johann Ernst's entschieden wurde.

Während das Domkapitel in dieser Art ängstlich seine althergebrachten Rechte hütete, legte Erzbischof Johann Ernst durch seine schönen und wohlthätigen Stiftungen den Grund zur steten Dankbarkeit der Nachwelt.

Er berief zu Ende des Jahres 1695 mehrere Frauen des Ursuliner-Ordens aus dem Convente zu Klagenfurt zur Gründung einer Schule für die weibliche Jugend, deren Salzburg bisher entbehrte.

Dieser humanen Stiftung widmete der Erzbischof ein Kapital von 30.000 fl. und erkaufte für Zwecke ihrer Unterbringung das Ritzische Haus im Birglstein.

Die Entlegenheit dieses Gebäudes wirkte indessen störend auf den Schulbesuch [34]) und der Landesfürst bestimmte deßhalb später für das Kloster den Platz in der Gstätten, wo vorher das Spital der Barmherzigen gestanden hatte. 1699 wurde der Grundstein zur neuen Klosterkirche gelegt, welche 1704 vollendet war, während die Beendigung des Klosterbaues in eine spätere Zeit fällt.

Eine zweite großartige Stiftung war jene des Priesterhauses. Johann Ernst ließ 1694 dieses schöne Gebäude beginnen, dessen Mitte die h. Dreifaltigkeitskirche einnimmt. Der rechte Flügel des Gebäudes wurde zur Aufnahme der Alumnen bestimmt, die linke Seite im Jahre 1702 der Unterbringung zweier Kollegien gewidmet.

Das eine Kollegium, welchem der Erzbischof 70.0000 Gulden

als Gründungskapital zuwies, das Virgilianische, war für sechs arme adelige Jünglinge aus den benachbarten Provinzen bestimmt; das andere, das Kollegium der sogenannten Siebenstätter Stiftung, für sechs Bürgersöhne aus den Städten des Erzbisthums [35]). Letzterer Stiftung schenkte der Erzbischof 12.000 fl. und es mußte außerdem jede der Städte 2000 fl. Kapital zu demselben Zwecke verzinslich anlegen.

Die wohlthätigste aller Stiftungen des Erzbischofs aber war die Gründung des Johanns-Spitales. Fürst Johann Ernst kaufte nämlich das der Familie von Grimming gehörige Schloß Mülleck, ließ dasselbe niederreißen und an dessen Stelle das schöne Spital sammt Kirche erbauen.

Im Jahre 1695 war der Bau bereits soweit vorgeschritten, daß der hohe Stifter durch die Einführung des ersten Pilgers es selbst eröffnen konnte.

Zugleich bestimmte der großmüthige Landesfürst für dieses Spital einen Fond von 112.000 fl. und spendete überdieß bei Lebzeiten monatlich 1000 fl.

Die Reihe der Stiftungen des Erzbischofs ist mit dieser letzteren noch nicht abgeschlossen. Das durch Erzbischof Markus Sittikus erbaute Sacellum genügte nicht mehr für die gottesdienstlichen Handlungen der Universität; es wurden daher solche in dem großen Saale abgehalten, welcher aber auch zu den öffentlichen Disputationen und zu theatralischen Vorstellungen benützt wurde.

Dieß fand Johann Ernst unstatthaft, er faßte den Entschluß, für die Zwecke der Universität ein eigenes Gotteshaus zu bauen. Dieser Bau, die gegenwärtige Kollegienkirche, wurde 1696 durch den berühmten Architekten Bernhard Vischer von Erlach begonnen und im Jahre 1707 zur Vollendung gebracht.

Die Durchreise der Prinzessin Wilhelmine Amalie von Braunschweig, Braut Kaiser Josef I. war Veranlassung zu großen Festlichkeiten, welche der gastfreie Landesfürst ihr zu Ehren gab [36]).

Im Jahre 1701 stiftete Fürst Johann Ernst zum Vortheile des salzburgischen Adels einen geistlichen Ritterorden unter dem

Namen des „Ruperti-Ordens". Zur Fundation desselben bestimmte er einen bei der Landschaft vorhandenen Kassarest von 40.000 fl., zu welchem er noch 20.000 fl. aus seiner Privatschatulle hinzufügte. Auch widmete er diesem Orden das Schloß Emsburg, welches Johann Ernst von der Rehlingischen Familie erkaufte und welches von nun an den Namen Kreuzhof führte [37]).

Der Ruperti-Orden bestand anfänglich aus einem Comthur, sechs Groß- und sechs Kleinkreuzen.

Zur Aufnahme in denselben war eine gewisse Zahl von Feldzügen und der Ahnennachweis nothwendig. Da jedoch mit dem Ordenskreuze das Cölibat verbunden war, so wurde dasselbe häufig freiwillig zurückgelegt. Die letzte Ordensverleihung geschah im Jahre 1804. [38])

In seinem 59. Lebensjahre stehend, wünschte Johann Ernst seines stets sich verschlimmernden Augenleidens wegen einen Coadjutor, doch in Folge der damaligen politischen Wirren und des steten Entgegentretens des Domkapitels verzog sich die endliche Realisirung dieses vom Fürsten ausgesprochenen Wunsches so lange, bis Kaiser Josef I. dem Kapitel durch die Hierhersendung eines Gesandten den ernstlichen Willen kund gab, es solle in dieser Sache nicht mehr länger gezaudert, sondern die Coadjutorswahl vorgenommen werden.

Endlich am 19. Oktober 1705 wurde vom Domkapitel der Bischof von Wien Graf von Harrach zum Coadjutor des Erzbischofes gewählt, welch' Letzterer inzwischen vollkommen erblindet war.

Dennoch führte er einen Theil der Regierungsgeschäfte noch bis 1708 fort, in welchem Jahre die stets zunehmende Schwäche den Landesfürsten zwang, sich ganz von der Regierung zurückzuziehen. Er verschied den 29. April 1709.

Außer den erwähnten Stiftungen errichtete Johann Ernst viele Vicariate und Beneficien.

Wenn gleich während der Regierungsperiode dieses Landesfürsten die Geißel des Krieges ungleich milder war wie unter Paris Lodron, so fallen dennoch in diese Epoche Kriege gegen Franzosen und Türken, sowie bei Beginn des 18. Jahrhunderts der spanische Erbfolgekrieg.

Wurde auch Salzburgs Gebiet selbst nicht vom Kriege berührt, so wurden dennoch die pekuniären Kräfte des Landes dadurch in Anspruch genommen.

Unter den Bauten, welche während der Regierungszeit des Erzbischofes Johann Ernst entstanden, müssen wir noch folgende nennen:

Die Umgestaltung des sogenannten Kleßhofes in ein Jagdschloß, die in Felsen gehauenen Gallerien der Sommer-Reitschule, die schöne Hofstallschwemme und endlich das weitbekannte Glockenspiel auf dem Thurme des Neugebäudes, zu dessen Erhaltung ein Kapital deponirt wurde.

Besondere Leidenschaft hegte Johann Ernst für das Vergnügen der Jagd und er erließ gegen Jagdfrevel ganz besonders strenge Gesetze, welche jedoch unter der Regierung seines Nachfolgers sehr gemildert wurden.

Gleich nach dem Tode des Erzbischofes Johann Ernst Graf von Thun trat der bisherige Coadjutor

Franz Anton Graf von Harrach in die erzbischöfliche Würde und nachdem die päpstliche Bestätigung eingetroffen war, hielt er den 27. Mai 1709 seinen Einzug vom Schlosse Freysaal aus.

Mit regem Eifer sorgte Fürst Harrach für die Aufrechthaltung der katholischen Lehre, und er verordnete in dieser Richtung strenge Aufsicht über die in das Land einzuführenden Bücher.

Genaue Beaufsichtigung der in das Erzstift kommenden Fremden wurde durch die im J. 1710 in vielen Ländern ausgebrochenen ansteckenden Krankheiten geboten. Es wurden eigene Sanitäts-Kommissionen ernannt, welche bis zum Jahre 1714 fungirten.

Bezüglich der Rechtspflege, der öffentlichen Ordnung und Sicherheit erließ Franz Anton viele Verordnungen, welche die Bestimmung hatten, eine sittliche Hebung des Volkes zu erzielen, Handel und

Gewerbe zu heben. Hierher gehört auch die Verbesserung der Hauptstraße vom Katschberge bis Golling, zu deren Herstellung die Maßnahmen Kaiser Karl VI. wohl bedeutenden Impuls gegeben haben.

Auf die in den österreichischen Erbstaaten wie auch in Baiern publicirte Anordnung, alle geborenen Salzburger welche beim Betteln betroffen würden in ihre Heimath abzuschieben, antwortete Franz Anton mit der gleichen Maßregel allen Nichtsalzburgern gegenüber.

Mit besonderer Feierlichkeit ließ der Landesfürst das erste Säkularfest der Salzburger Universität im J. 1718 begehen. Als im J. 1721 auf Begehren Kaiser Karl VI. das Bisthum Wien durch päpstliche Bulle zu einem Erzbisthum erhoben wurde, mußte Passau einen Theil seiner Diöcese, nämlich das Viertel unter dem Wiener Walde dem neuen Erzbisthume abtreten.

Erzbischof Franz Anton hegte eine besondere Vorliebe für das Schloß Mirabell, dessen Restaurirung 1722 in Angriff genommen und nach den Plänen des kaiserl. Ingenieurs Johann Hilleprandt ausgeführt wurde.

Ein großer Verehrer von Kunst und Wissenschaft traf der Erzbischof viele Anordnungen zur Anlage und Ordnung der reichen Gallerien im Residenzgebäude.

Den 18. Juli 1727 starb Fürst Harrach im Schlosse Mirabell. Er war, wie wenige, seines freundlichen leutseligen Charakters wegen beliebt [39]). Für die Sanftmuth seines Gemüthes spricht jedenfalls der Umstand, daß er mit dem seine altherkömmlichen Rechte ängstlich wahrenden Domkapitel im Frieden lebte.

Erst nach wiederholter Kapitelsitzung wurde am 4. Oktober 1727 **Leopold Anton Eleutherius**, Graf von Firmian, zum Nachfolger erwählt. Noch in demselben Monate langte die päpstliche Bestätigung an und der Neugewählte hielt seinen Einzug aus der Sommer-Residenz Mirabell.

Passau's Lostrennungs-Gelüste von der Metropole Salzburg

wurden durch die Erhebung des Bisthums Wien zu einem Erzbisthume der Realifirung näher gerückt. Die geschehenen bedeutenden Abtretungen von Gebietstheilen der Diözese Paſſau au das neue Erzbisthum gaben willkommenen Anlaß als eine Art von Entſchädigung für dieſe Opfer die erſehnte Unabhängigkeit anzuſtreben.

Papſt Benedikt XIII. eximirte auch wirklich durch die Bulle vom 1. Juni 1728 den damaligen Biſchof Joſef Graf von Lamberg und ſeine Nachfolger von aller Metropolitan-Jurisdiktion des Erzſprengels Salzburg und alle von Seite des Erzbiſchofes dagegen unternommenen Schritte waren fruchtlos.

Papſt Clemens XII. beſtätigte die Exemptionsbulle ſeines Vorgängers und es wurde nun ausdrücklich unterſagt, Paſſau eine Suffragankirche zu nennen.

Wegen eines durch den Pfleger zu Mühldorf verübten Eingriffes in die Freiheitsrechte der Univerſität entſtand 1728 ein Studentenaufruhr, in Folge deſſen faſt einen Monat hindurch die Vorleſungen unterbrochen wurden.

Den Erzbiſchof Leopold Anton beſeelte die Idee ſtrengſter Aufrechthaltung der in ſeinem Staate herrſchenden katholiſchen Religion. Die Mittel, welche er zur Erreichung ſeiner Abſicht anwandte, waren faſt dieſelben wie in früheren Fällen, doch hatte ſich die Zeitlage derart geändert, daß ihre Wirkungen von weſentlicher Verſchiedenheit ſein mußten.

Schon unter den früheren Erzbiſchöfen fanden wir die verſchiedenſten Geſetze und Maßnahmen, um jeder anderen Religion als der katholiſchen den Eingang zu verſchließen.

Den Judenverfolgungen im 14. und 15. Jahrhundert folgten ſchon unter Matthäus Lang die ſcharfen Edicte gegen das Lutherthum, das ſich bereits unter ſeinem Vorgänger im Lande Salzburg Eingang verſchafft hatte. Die Wirren des 30jährigen Krieges ließen dieſe Angelegenheit in den Hintergrund treten, doch kaum war der Friede geſchloſſen, ſo begannen die Unruhen im Teſſereckerthale,

welche in der Auswanderung der Proteſtanten damals ihren Ab-
ſchluß fanden.

Mit Aengſtlichkeit hütete man die erzielten Reſultate; bei
Dienſtesantritten und vielen ſonſtigen Anläßen mußte ſtets das
Glaubensbekenntniß abgelegt und beſchworen werden.

Man ſandte Miſſionäre in die Gebirgsgegenden, Commiſſionen
gingen von Ort zu Ort, um die Abtrünnigen zu ermahnen und es
wurden Diejenigen, welche die katholiſche Lehre nicht wieder an-
nahmen, des Landes verwieſen. Angeſichts deſſen bekannten ſich
Viele, um im ruhigen Beſitze ihrer heimatlichen Stätte zu bleiben
öffentlich zum katholiſchen Glauben, von dem ſie in ihrem Innern
längſt abgefallen waren.

Leopold Anton gab ſich jedoch hiermit nicht zufrieden, ſondern
beſtand, ſeine Vorgänger überbietend, darauf den Proteſtantismus in
ſeinem Lande vollkommen auszurotten zu wollen. Er ſandte Jeſuiten
als Miſſionäre im Lande herum, welche die Abtrünnigen bekehren
ſollten; ihr Auftreten jedoch vermehrte die Zahl derſelben und
dieß Verhältniß ſteigerte ſich als die weltliche Obrigkeit unterſtützend
eingriff. Es kamen Gefangennehmungen und Landesverweiſungen
vor. Die Ausgewanderten ſchilderten bei den Evangeliſchen in
Deutſchland mit den grellſten Farben ihre Leiden, und je ſchauder-
hafter ihre Märchen klangen, deſto lieber glaubte man ſie, und
ſäumte nicht beim Corpus Evangelicorum heftige Klage zu führen.

Mit jedem Tage wuchs übrigens die Ueberzeugung, daß bei
ſehr Vielen die Religion nur den Deckmantel für Roheit und Un-
geſetzlichkeit bildete; deßhalb wurde beſondere Obſorge auf die Zeug-
häuſer, ſo wie Bewachung der Landespäſſe angeordnet.

Im Monat Juli 1731 ging eine Hofkommiſſion in's Gebirge
ab, um die Beſchwerden der Unterthanen zu unterſuchen und zugleich ſich über den Stand der Religionsangelegenheiten genau zu
informiren. Das Bild, welches ſich dieſer Kommiſſion darbot, war
in den meiſten Gerichten daſſelbe. Klagen gegen die Geiſtlichkeit
wegen Schmähpredigten und Aehnlichem, gegen die Beamten wegen

Ueberbürdungen wurden überall vorgebracht. In den meisten Gerichten begehrte man endlich freie Religionsübung und diese Angelegenheit wurde manchmal als Bitte, an vielen Orten aber unter Drohungen vorgebracht.

Nachdem die Hofkommission nach Salzburg zurückgekommen war, ließ der Fürst-Erzbischof in einem Generalbefehl an alle Pfleger die Weisung ergehen, in Güte auf das Volk einzuwirken, und dasselbe zur Ruhe zu verweisen. Doch auch diese Maßregel hatte nicht den gewünschten Erfolg. Die Gährung wurde auf dem Lande immer bedeutender. Die Störigkeit der Protestanten wuchs mit jedem Tage und der Erzbischof sah sich gezwungen, zum Schutze seiner katholischen Unterthanen und zur Aufrechthaltung der Ordnung beim Kaiser Hilfe zu erbitten.

In Folge dessen rückten kaiserliche Truppen im September 1731 im Salzburgischen ein, und wurden in die verschiedenen Gaue vertheilt.

Nun erschien der Befehl zur Gefangennahme der als Hauptaufwiegler bezeichneten Individuen und wurde in der Nacht des 28. September vollzogen. Die damit beabsichtigte Wirkung unterblieb indessen, denn kaum verbreitete sich die Kunde von diesen Gefangennehmungen, so wurden in allen Orten Vorkehrungen zur gewaltsamen Befreiung der Verhafteten getroffen, deren Ausführung jedoch an dem Entgegentreten des Militärs scheiterte.

Alle Schritte der weltlichen und geistlichen Behörden wurden von nun an verhöhnt, es erwies sich mit jedem Tage deutlicher der Einfluß von Außen derart mächtig und rührig, daß an die Herstellung geordneter Verhältnisse nicht leicht gedacht werden konnte; unter diesem Eindrucke faßte endlich Leopold Anton den Entschluß, durch die Ausweisung aller Nichtkatholiken das Uebel mit einem Schlage zu heben. Sobald die allgemeine Entwaffnung in's Werk gesetzt war, erschien am 31. Oktober 1731 das berühmte Emigrations-Edict.

Von der Emigration bis zur zweiten Säcularisation des Erzstiftes.

Kraft des Emigrations-Edictes hatten alle Nichtkatholiken je nach ihren verschiedenen Lebensstellungen in den gegebenen Terminen von 8 Tagen bis zu drei Monaten das Land Salzburg zu verlassen. Diese Termine wurden aber auf deßhalb eingereichte Bitten bedeutend verlängert. Mit Dezember 1731 begannen die ersten Abtheilungen der Salzburger Emigranten die Grenze zu passiren, und bis Ende November 1732 belief sich die Zahl der Ausgewanderten auf 15.858 Personen. Der größere Theil derselben wanderte nach Litthauen, da die Bevölkerung dieser Provinz durch die Pest sehr gelichtet war und neuer Ansiedler dringend bedurfte [40].

Die durch die ersten Auswanderungen hervorgerufenen Protestationen und Beschwerdeschriften der protestantischen Fürsten Deutschlands nahmen immer mehr zu und erreichten natürlich bei Publikation des Ediktes vom 31. Oktober 1731 ihren Höhepunkt. Von allen Seiten flogen die Pfeile gegen den Salzburger Landesfürsten, welcher ihnen seinen Schild als katholischer Landesfürst entgegenhielt.

Nur einen Glauben gab es nun im Lande Salzburg; für diesen in den Augen des Erzbischofs gewiß großen Vortheil verschwanden bei der damaligen Anschauung all die materiellen Nachtheile, die sich an die starke Auswanderung knüpften und deren Folgen das Land bis in dieses Jahrhundert empfindet.

Der Emigration auf dem Fuße folgte ein Zustand allgemeiner Mißstimmung. Die übertriebene Sorge, daß der Geist des Protestantismus wiederholt in die Gebirgsthäler dringe, gebar Verordnungen und Maßregeln, welcher jeder Entwicklung des Landes den Weg versperrten. Dahin gehörte auch die Aufstellung von sechs Missionen, die wohl dem Landesfürsten durch eine päpstliche Bulle den Titel: „Hoheit" eintrug, allein ohne großen Nutzen für den beabsichtigten Zweck war.

Eine düstere Wolke, welche sich neuerdings an dem Horizonte des Landes Salzburg lagerte, bildeten die nun beginnenden und von Jahr zu Jahr wachsenden Finanznöthen. Die Transportkosten für die Emigranten sowohl, wie die Auslagen für das requirirte kaiserliche Militär waren sehr bedeutend und um so fühlbarer machte sich die in Folge der Emigration geringere pekuniäre Leistungsfähigkeit des Landes. Mit dem J. 1742 stellte sich der Minderertrag des Bergbaues allein den Vorjahren gegenüber bereits auf 300.000 fl.

Die seit 1742 herrschenden kriegerischen Ereignisse ließen Landesfürsten und Landschaft auf neue Steuergattungen bedacht sein, doch reichte alles nicht hin, weil Geld- und Naturalienleistungen stets größer wurden. Durch eine zweifelhafte Neutralität hatte Salzburgs Landesfürst beide kriegführenden Theile in sein Land gezogen und es wurde den hieraus für dasselbe entstehenden Ausgaben erst durch den Frieden von 1745 ein Ziel gesetzt.

Zwischen dem Domkapitel und dem Erzbischofe spann sich der Faden der Zwietracht ununterbrochen seit dem Jahre 1742 fort, welche Uneinigkeit hauptsächlich dadurch hervorgerufen wurde, daß die Gründung des Fideikommisses Leopoldskron für die Familie des Erzbischofes mit einem Geldaufwande von circa 400,000 fl. dem Kapitel zum Vorwande diente, den Landesfürsten auf mehrere, seit Uebernahme der Regierung noch schwebende Passiven aufmerksam zu machen.

Mit Beginn des Oktober 1744 hatte sich der Gesundheitszustand des Erzbischofes derart verschlimmert, daß er seinen Aufenthaltsort Leopoldskron nicht mehr verließ, woselbst er am 22. desselben Monats im 66. Lebensjahre seinen Geist aushauchte.

Von den unter seiner Regierung geführten öffentlichen Bauten müssen wir den vollständigen Ausbau des Schlosses Kleßheim und die Herstellung der Pferdeschwemme auf dem Kapitelplatze nennen, während als Privatbau jener des Schlosses Leopoldskron vorzüglich genannt zu werden verdient.

Erst auf den 12. Jänner 1745 wurde die neue Wahl ausgeschrieben und im zweiten Wahlgang der bisherige Bischof von Olmütz

Jakob Ernst, Graf von Lichtenstein zum Erzbischofe erwählt. Die päpstliche Bestätigung erfolgte am 4. März und am 1. Juni 1745 trat der neue Erzbischof die Regierung an, welche ihm jedoch nur durch zwei Jahre zu führen vergönnt war. Beim Regierungsantritte fand der Erzbischof alle landesfürstlichen Kassen leer und zudem überall Schulden, letztere wesentlich durch das schlechte Gebahren der Zwischenregierung vermehrt. Jakob Ernst begann seine Regierung mit Anordnungen, durch welche die während der Sedisvacanz durch das Kapitel erfolgten Ernennungen und Gagenerhöhungen annullirt wurden, da der Erzbischof hierin eine Ueberschreitung der dem Kapitel zustehenden Befugnisse fand. Hatte schon diese strenge Beurtheilung das Domkapitel verstimmt, so wurde das Verhältniß zwischen ihm und dem Regenten ein noch gespannteres, als der Erzbischof von einer Anerkennung der früher und namentlich während der Sedisvacanz gemachten Schulden nichts wissen wollte.

Während der kurzen Zeit seines Waltens errichtete Jakob Ernst zum Nutzen der ärmeren Bevölkerung ein Leihhaus, zu dessen Stiftung er aus seiner Privatschatulle 53.000 fl. spendete und es würde der Geist der Wohlthätigkeit dieses Fürsten, welcher in dessen früheren Bischofssitzen so beredte Zeugen hinterließ, sicher auch dem Lande Salzburg manche schöne und wohlthätige Stiftung zugewendet haben, hätte nicht der Tod die irdische Bahn dieses Kirchenfürsten schon am 12. Juni 1747 beendet.

Durch testamentarische Verfügung bestimmte der Verblichene 25.000 fl. seinen Unterthanen als Beigabe zur Weihsteuer. Von besonderem Werthe sind seine Vermächtnisse zum Domschatze.

So sehr man sich in früherer Zeit nach dem Ableben eines Erzbischofs mit der Anberaumung des Wahltages beeilte, so trachtete man nun denselben möglichst hinauszuschieben, wodurch der Wahlagitation Thür und Thor geöffnet wurde. Auch diesmal wurde das Domkapitel zur Vornahme der Wahl erst fast drei Monate nach dem Tode des Erzbischofes einberufen.

In der Sitzung am 10. September 1747 einigte man sich beim 7. Skrutinium für die Wahl des Grafen

Andreas Jakob von Dietrichstein, den Liebling des Volkes.[41] Bis zum Eintreffen der päpstlichen Bestätigung bewohnte der Neuerwählte Kleßheim und hielt am 3. Oktober vom Schlosse Mirabell aus seinen feierlichen Einzug in die Winterresidenz.

Durch einen fast vierzigjährigen Aufenthalt zu Salzburg war ihm Gelegenheit geboten, die Bedürfnisse des Landes nach jeder Richtung hin kennen zu lernen. Der in letzter Zeit gesunkenen Rechtspflege, der Polizei und den übrigen Administrationszweigen wandte er zuerst sein Augenmerk zu, nicht minder war er darauf bedacht, Ordnung in den Staatshaushalt zu bringen.

Nachdem 1749 das Pallium angelangt war, verlieh der Kaiser dem Erzbischofe den Titel: „Primas von Deutschland."

Ein Feind des Luxus und der Verschwendung erließ Andreas Jakob strenge Vorschriften in dieser Richtung; besonders nahm er Bedacht auf die Verbesserung der Kommunikationen, um hierdurch den Handel zu heben. Doch die in letzterer Beziehung vom Erzbischof gehegten Projekte kamen nicht mehr im vollen Umfange zur Ausführung, da er schon im J. 1753 den 5. Dezember starb.

Den 12. März 1754 versammelte sich das Kapitel des Erzstiftes, um unter dem herkömmlichen Ceremoniel die Neuwahl eines Erzbischofes vorzunehmen. Doch wurde bis zum 5. April trotz der bis dahin vorgenommenen 48 Abstimmungen nicht die erforderliche Stimmenmehrheit erzielt. Es galt nun am genannten Tage ein Wahlresultat zu erzielen, da sonst das Recht der freien Wahl verloren gegangen und die Ernennung des künftigen Erzbischofes dem päpstlichen Stuhle anheimgefallen wäre.

Endlich bei der 49. Abstimmung fiel die Mehrheit der Stimmen auf

Sigismund Christof, Graf von Schrattenbach, welcher den

7. Mai seinen feierlichen Einzug hielt und die Huldigung entgegennahm.

Schon als Domdechant war Sigismund seiner besonderen Frömmigkeit wegen allgemein bekannt gewesen; als er nun zur erzbischöflichen Würde gelangt war, galten seine ersten Anordnungen ebenfalls der Hebung des sittlichen Zustandes sowohl der Stadt-, wie der Landbevölkerung und da es immerhin viele Uebertreter dieser von Zeit zu Zeit verschärften Befehle gab, so wurde 1755 das bisherige Lazareth- oder St. Rochus-Gebäude in ein Strafhaus umgestaltet.

In die erste Zeit der Regierung dieses Fürsten fällt die Annahme des 20 fl.-Fußes in Oesterreich sowohl, wie in Baiern. Auch Salzburg bequemte sich endlich dazu, mußte jedoch große Einbußen erleiden, da Baiern durch seine schnelle Rückkehr zum 24 fl.-Fuße den größten Theil des Geldmarktes an sich zog und besonders durch die in letzterer Währung entrichteten Salzlieferungsgelder großer Nachtheil für Salzburg erwuchs.

Es ist nicht zu bestreiten, daß Sigismund sich die Regierungsgeschäfte sehr angelegen sein ließ; daß er nicht immer das beabsichtigte Beste erzielte, mag wohl zum großen Theile daran gelegen haben, daß er sehr häufig Entschließungen kund gab, ohne vorher seine Räthe davon zu unterrichten; so geschah es, daß er dann und wann gegen frühere Verträge handelte und dadurch in lange Auseinandersetzungen mit seinem Domkapitel und öfters auch mit fremden Höfen verwickelt wurde. Besonders war dieß der Fall bei Herausgabe einer neuen Waldordnung.

Von wesentlichem Nutzen dagegen war sein Gesetz gegen den Wucher, wie auch die Uebernahme des Postgefälles in die eigene Regie, dann eine durch den Erzbischof eingeführte neue Hofraths-Ordnung.

Den Forderungen der Emigranten, welche zu regeln eine eigene Kommission niedergesetzt wurde, entsprach Sigismund durch Gewährung einer Pauschalsumme, die er vorstreckte, und durch welche es den Unbemittelteren möglich wurde, in ratenweiser Zahlung der eingegangenen Verbindlichkeit nachzukommen, während andererseits die Emigranten den Vortheil hatten, daß ihre rückständigen Forderungen mit einem Male ausgeglichen wurden.

Mit dem Ausbruch des siebenjährigen Krieges begannen für Salzburg wieder Kontingentsleistungen, welche bei den fast leeren Kassen seh" schwer fielen. Das Land hatte laut Matrikel 780 Mann zu den Reichstruppen zu stellen.

Der Freude über den 1763 geschlossenen Frieden folgte im J. 1770 große Theuerung und der Landesfürst mußte darauf Bedacht nehmen, in anderen Staaten das nöthige Getreide aufzukaufen, wozu es indessen am Geld fehlte. In dieser Bedrängniß half am ergiebigsten der Patriotismus des damaligen Bürgermeisters Sigmund Hafner, der die Summe von 200.000 fl. zinsenfrei darlieh, für welchen Betrag in Ungarn Getreide-Einkäufe gemacht wurden.

Sigismund Christof hegte die Idee der Stadtvergrößerung und es lag in seiner Absicht alle Gewerbsleute, deren Geschäftsbetrieb die Feuersgefahr erhöhte, so wie alle lärmenden Gewerbe in einen neu zu errichtenden Stadttheil zu verlegen.

Eine Ausbreitung auf dem rechten Ufer der Salzach war der Befestigungsbauten wegen nicht möglich, es wurde daher das Terrain der Riedenburg als das geeignetste gewählt.

Um die Ausführung dieses Planes anzubahnen, wollte Sigismund zuerst eine Kommunikation von der Stadt aus nach jener Gegend bewerkstelligen, da die Verbindung dahin bisher nur über Nonnthal und Bucklreit oder über Mülln möglich war. Er faßte den kühnen Entschluß, eine Passage durch den Mönchsberg zu führen. So entstand das Sigismund- oder Neuthor, dessen Durchbruch unter Leitung des salzburgischen Ingenieurmajors von Geyer in zwei Jahren nämlich von 1765—1767 beendet wurde. Die Bildhauerarbeiten an diesem Thore sind von Joh. Hagenauer.[42]

Die vollkommene Ausführung des vorhin gemeldeten Planes scheiterte aber an den Einwürfen des Kriegsrathes, welcher die Befestigung des Rain- und Ofenlochberges als nothwendige Bedingung hinzufügte, womit der Erzbischof nicht einverstanden war.

Nebst großem Wohlthätigkeitssinne belebte Sigismund auch Liebe zur Kunst, besonders zur Musik und seine Hofkapelle zählte ausgezeichnete heimische und fremde Kräfte. Auch fällt in die Regierungszeit dieses Fürsten die Geburt des weltberühmten Tondichters Wolfgang Amadeus Mozart, dessen Vater Leopold Mozart als Kapellmeister an Sigismunds Hofe angestellt war.[43]

Kurz vor dem Ende seiner irdischen Laufbahn schmückte Sigismund den Domplatz mit der durch Hagenauer's Künstlerhand gebildeten Marien-Statue.

Das Priesterjubiläum zu feiern war dem frommen Erzbischofe nicht mehr beschieden, obgleich er schon die Schwelle des 74. Lebensjahres überschritten hatte. Er starb den 16. Dezember 1771.

Nach dem Begräbnisse des Erzbischofes Sigismund wurde als Wahltag der 9. März kundgemacht. Zu diesem Zeitpunkte kontrahirte das Domkapitel, obgleich Baarschaft vorhanden war, mehrere Schulden wegen eben nöthigen Getreideankaufs, vermehrte die Hofequipagen, ließ Münzen auf das Andenken des verstorbenen Erzbischofes prägen, und sprach sich für Sitzungen und die Beschwerlichkeiten des Interregnums an Diäten die Summe von beiläufig 22.885 fl. zu.[44]

Unter den Domherren, welche sich am 9. März zur Wahl einfanden, waren besonders zwei, deren Befähigung zur Regierung außer allem Zweifel war, nämlich: der Domdechant Graf Zeil und der Bischof zu Gurk Graf Colloredo. Ersterer Liebling der Salzburger, denn er war sehr freigiebig, Letzterer seiner bekannten bereits zu Gurk bewiesenen Geschäftskenntnisse wegen hochgeachtet aber gefürchtet.

Durch fünf Tage schwankte die Wahl, endlich den 14. März, nachdem Graf von Zeil sich mit seinem Anhange Tags zuvor für Colloredo aussprach, wurde mit 23 Stimmen

Hieronymus, Graf von Colleredo-Wallsee, Fürstbischof zu Gurk zum Erzbischofe erwählt. Bis zum 10. April 1772 setzte das Domkapitel die Regierung fort, an welch letzterem Tag derselben durch Einlangen des päpstlichen „Placet" ein Ende gemacht wurde, und den 29. deſſelben Monates hielt Hieronymus ſeinen feierlichen Einzug vom Schloſſe Freyſaal aus. Kaum hatte der nunmehrige Erzbiſchof die Regierung übernommen, als ihm das Domkapitel ein Promemoria überreichte, welches in 44 Punkten die weſentlichſten Wünſche des Landes enthielt, wobei die Domherren die ihrigen ebenfalls anzuführen nicht vergaßen.

Sicher hätte es deſſen gar nicht bedurft, denn Hieronymus, der als Biſchof zu Gurk den Winter häufig in ſeiner außer dem Mirabellthore gelegenen Villa [45]) zubrachte und dort die Elite der Geſellſchaft durch ſeine Leutſeligkeit und Gaſtfreundſchaft zu feſſeln wußte, erkannte mit klaren Augen bereits die vielen Schäden, welche ſich durch eine lange Reihe von Jahren im Erzſtifte eingeniſtet hatten.

Ohne dem Glanze ſeines Hofſtaates nur im Mindeſten etwas zu vergeben, begann Hieronymus ſogleich kräftig im Haushalte Aenderungen feſtzuſetzen, welche übermäßige oder nur durch hergebrachte Gewohnheiten bedingte Ausgaben abſchafften. Für die Regierungs- und Verwaltungs-Maſchine ſetzte Hieronymus eine Conferenz unter ſeinem perſönlichen Vorſitze ein. Ganz beſonders aber ließ ſich der Fürſt die Ordnung des ſehr herabgekommenen Finanzweſens angelegen ſein.

Auch der Zuſtand des Militärs war in ſeinen Augen kein befriedigender, weßhalb beim Hofkriegsrathe mehrere Veränderungen orgenommen und Equipirung und Bewaffnung nach öſterreichiſchem Muſter eingeführt wurden. Als es ſich im J. 1772 um bedeutende Erſparungen handelte, kam auch eine Reduktion des Militäretats zur Sprache, doch glaubte man von der angenommenen Stärke des Standes (780 M.) nicht abweichen zu können, ohne die Sicherheit zu gefährden. Der Vorſchlag, anſtatt der theueren Anwerbung fremder Soldaten ein Conſcriptionsgeſetz zu erlaſſen, traf auf große Widerſprüche, wurde jedoch ſchließlich dennoch dekretirt.

Im J. 1800 ſtiftete der Erzbiſchof in Anerkennung der großen Verdienſte, welche ſich das ſalzburgiſche Militär als Theil der

Reichsarmee erworben, goldene und silberne Ehrenmedaillen;[46]) das Wesen der Bürgermiliz und der Feuerschützen wurde beibehalten und ihre Uebungen immer mehr gehoben.

Durch Einführung einer Taxordnung wurde den willkürlichen Sporteln ein Ziel gesetzt, Beamte, welche nicht mehr entsprachen, wurden beseitigt, und obgleich der Erzbischof in vielen Fällen Ausländer anstellte, wußte er doch die Männer von Geist, die sich unter den Salzburgern fanden, zu würdigen. Vielen derselben verschaffte er Gelegenheit durch Reisen und Studien im Auslande den Kreis ihres Wissens zu erweitern und dieselben leisteten dann später dem Staate die wesentlichsten Dienste.

Bei den auswärtigen Aemtern wurde wenig geändert, doch theilte er im J. 1793 das Pfleggericht Mosham in die Pflegen St. Michael und Tamsweg, hingegen wurde 1801 das Pfleggericht Rauris mit jenem von Taxenbach und bald darauf das von Wagrain mit der Pflege St. Johann vereinigt. Straßwalchen wurde in den Bezirk Neumarkt einbezogen.

Im J. 1773 wurden die in der Stadt Salzburg im Gebrauche gewesenen Pechpfannen abgeschafft [47]) und die Beleuchtung der Stadt durch Oellampen eingeführt. Feuerlöschordnung, Pflasterung, Verordnungen für die öffentliche Sicherheit, Vorkehrungen gegen Theuerung waren Maßregeln, welche zum allgemeinen Besten getroffen wurden.

Durch Hebung des Forst- und Jagdwesens so wie der Fischzucht wurden die Einnahmsquellen zu vermehren gesucht und daß unter solchen Umständen auch dem ergiebigen Bergbaue große Sorge zugewendet wurde, läßt sich bei der Umsicht des Landesfürsten wohl erwarten; leider war indessen die reine Rente hievon wegen Ausprägung des Silbergeldes nach dem 20 fl.-Fuße immerhin eine sehr geringe.

Während für Gewerbe und Handel verhältnißmäßig wenig geschah, wurden doch Künste und Kunstgewerbe durch die Ausführung mehrerer Bauten und Restaurationen begünstigt. So wurden 1778 die Schlösser Laufen und Weitwörth verschönert, zu Kleßheim ein Lustgarten angelegt, der schöne Neubau an der Residenz aufgeführt, die Schranne errichtet, zu Wildbadgastein 1796 das Schloß und endlich zu Hallein ein Sudhaus gebaut.

Viele Mühe kostete es, um aus dem Schuldenstande, in welchen das Land in Folge der überstandenen Kriegsjahre und der mitunter schlechten Wirthschaft gerathen war, herauszukommen. Neben all den Einschränkungen und Verbesserungen, welche Hieronymus ins Leben rief, wurde durch 6 Jahre versucht, im Wege verschiedener Steuerausschreibungen des Deficits Herr zu werden. Doch war alles das nicht hinreichend, bis endlich im J. 1778 eine Steuerreform eintrat, über deren günstiges Resultat in der Versammlung des größeren Stände-Ausschusses am 8. Mai 1780 durch den Hofkommissär um so eingehender gesprochen wurde, als sich das Domkapitel im J. 1779 hatte beikommen lassen, den Landesfürsten wegen der neuen Steuereinführungen beim Kaiser zu verdächtigen.

Im Jänner 1781 wurde dem Landesausschusse ein hochfürstliches Dekret mit dem Auftrage übergeben, dasselbe erst den 15. Februar zu eröffnen. Mit großer Spannung erwartete man den Ablauf des Termines. Dasselbe enthielt die Widmung von 400.000 fl. zu Landeszwecken, welche Schenkung den Namen Hieronymusfond erhielt. Aber selbst diese Schenkung an die Landschaft gab dem Domkapitel Veranlassung zu nutzloser Beschwerde.

Als in demselben Jahre am 2. Juni abermals der Stände-Ausschuß zusammentrat, waren bereits Einnahmen und Ausgaben zum Besten des Landes derart geregelt, daß nunmehr jede außergewöhnliche Steuermaßregel entfallen konnte.

Im J. 1782 wurde abermals die Säcularfeier des Erzbisthums begangen, und es erregte der gelegentlich dieses Festes durch Hieronymus veröffentlichte Hirtenbrief allgemeines Aufsehen.[48])

Die pekuniären Verhältnisse waren im J. 1785 derart günstig, daß nun Streitigkeiten über die Placirung der Kapitalien entstanden. Wir dürfen uns jedoch nicht dem Glauben hingeben, daß die Zeit, während welcher eine solche totale Umwandlung in dem Finanzwesen des Staates geschah, von Ereignissen freigeblieben sei, welche nachtheilige Wirkungen auf ein derartiges Streben äußern. Waren gleich friedliche Zeiten, so gab es der Unglücksfälle viele, welche die Hilfe des Landesfürsten, der Landschaft und sogar die Mildthätigkeit der Landesbewohner in Anspruch nahmen.

So wurde 1778 Bischofshofen verwüstet und in den Jahren 1786 und 1787 verursachten verheerende Ueberschwemmungen einen Schaden von nahezu einer halben Million.

1794 wurde durch einen Bergsturz Embach beschädigt, und vier Jahre später Niedersill von den Fluthen der Salzach zerstört. Das Brandunglück zu Radstadt am 2. September 1781 rief das Land zur Unterstützung der Verunglückten auf.

Die vorher geschilderte günstige Lage des Erzstiftes dauerte aber nur kurze Zeit, denn mächtig schlug die Brandung der Kriegsereignisse am Ende des 18. Jahrhunderts gegen unser Salzburger Land und ließ dasselbe unter den Schrecken des Krieges leiden. Das Vorspiel war der Rückzug der österreichischen Truppen, welche 15.000 Mann stark mit mehreren Hauptspitälern im J. 1797 Salzburg zu ihrem Winterquartiere bestimmten, und in den ersten Tagen des folgenden Jahres rückten noch drei Kavallerie-Regimenter in das Land ein. Als endlich Napoleon über Steiermark und Kärnten zog, drang der linke Flügel der Franzosen über Tirol vor und folgte den sich über Salzburg zurückziehenden österreichischen Brigaden derart auf dem Fuße, daß letztere kaum den Tauern erreichten, als auch schon die französischen Vortruppen bei Tamsweg erschienen. Mit April endete die Wirthschaft der französischen Truppen im Lungau. Nun war man in der Hauptstadt besorgt, es wurden Conferenzen gehalten, der Landtag einberufen und an die Aemter umfassende Instruktionen über ihr Verhalten unter diesen Verhältnissen ertheilt. Die durch den Waffenstillstand von Leoben (27. April 1797) eingetretene Ruhepause dauerte nur kurze Zeit, denn als Frankreich am 12. März 1799 Franz II. den Krieg erklärt hatte, mußte Salzburg Bedeutendes in die Reichsoperations-Kassa beisteuern und hatte überdieß noch die Bequartierung und

Verpflegung der unter dem Prinzen von Condé zur Vertheidigung der Innlinie durchziehenden Truppen zu tragen.

Zwar hatte Oesterreich am 1. Dezember 1800 einen glänzenden Sieg zu Mühldorf erfochten, allein die Niederlage zu Hohenlinden am 3. Dezember, wo das Condé'sche Corps überfallen und zurückgedrängt wurde, verdunkelte denselben wieder.

Nach dieser unglücklichen Schlacht traf der Erzbischof seine Maßregeln zur Flucht. Was an Schätzen vorhanden war, ebenso bedeutende Baarschaften wurden verpackt und über Radstadt nach Steiermark geführt; Hieronymus selbst verließ den 10. Dec. 1800 die Residenz und nahm seinen Weg ebenfalls vorerst nach Steiermark und dann nach Olmütz. Zur Stellvertretung hatte der Landesfürst eine Statthalterschaft eingesetzt, an deren Spitze der verdienstvolle Bischof von Chiemsee stand.

Den 12. Dezember rückten die Franzosen bereits nach Teisendorf und in die umliegende Gegend vor; von hier aus kamen sie in Verfolgung der Oesterreicher bereits den 12. Dezember an die Saale, und forcirten den Uebergang. Die kaiserliche Armee nahm nun in der Stärke von 40.000 Mann Stellung um erneuert im Kampfe einzustehen.

Den 13. Mittags begann die Schlacht auf den Walser Feldern, welche durch die Nacht unterbrochen, am 14. ausgefochten wurde. Lecourbe hatte keine besonderen Vortheile errungen und sah sich veranlaßt, wieder auf das linke Saaleufer zurückzugehen. Doch noch vor Ausführung dieser rückgängigen Bewegung hatt Moreau bei Laufen den Uebergang forcirt und hierdurch die rechte Flanke der Oesterreicher, so wie deren Rückzugslinie bedroht und dieselben gezwungen, ihre Stellung und damit zugleich die Behauptung Salzburgs aufzugeben, woselbst die ersten Franzosen am 10. Dezb. einrückten. Mit dem 25. Dezb. begann der zu Steyr abgeschlossene Waffenstillstand.

Mittlerweile wurde in der Hauptstadt auf französische Art gewirthschaftet, nämlich nnter Versicherungen des Schutzes der ruhmreichen freien Nation wurde Alles begehrt, was nur zur Befriedigung der Machthaber dienen konnte. Requisitionen und Kontributionen wurden im großartigsten Maßstabe ausgeschrieben. Am 16. Dezember begehrte Moreau außer den sehr bedeutenden Naturalienleistungen die Lieferung von 6 Millionen Livres, d. i. 2,750.000 fl. binnen 14 Tagen. Daß es bei dem großen Geldmangel möglich wurde diese überspannten Forderungen zu erfüllen, hatte man der Opferwilligkeit der salzburger Bürgerschaft und besonders des Handlungshauses Hafner zu danken.

Der im Februar 1801 geschlossene Friede zu Luneville hätte zwar diese traurige Zeit beenden sollen, doch ließen sich's die ungebetenen Gäste in Salzburg bis zum 7. April noch recht gut gefallen.

Es galt nun die durch die Kriegsereignisse eingetretenen Uebelstände zu entfernen, um den durch die pekuniären Opfer herabgebrachten Finanzstand des Landes wieder empor zu bringen, und Erzbischof Hieronymus ordnete durch ein eigenes Edict vom 18. Juli 1801 hierzu geeignete Maßregeln an. So gute Rathschläge aber auch der von seinem Lande entfernte Fürst ertheilte, so hatte er doch durchaus nicht im Sinne, selbst thätig durch Geldunterstützungen die Wunden des Krieges heilen zu helfen, ja er stellte im Gegentheile eine Menge Forderungen, deren Effektuirung erneuerte Opfer kostete und im Lande eine dem Erzbischofe um so abgeneigtere Stimmung hervorrief, als derselbe während der ganzen Kriegsperiode nicht allein von Geldleistungen verschont geblieben war, sondern die für seine Hofhaltung bedungenen Summen auch in diesen schweren Zeiten stets wie er es beanspruchte, zugesendet erhalten hatte.

Den 14. März 1802 beging man die Feier der 30jährigen Regierung des Erzbischofes, wobei jedoch nur amtlich in Scene gesetzte Kundgebungen beachtenswerth waren — und den 6. April hielt der Landtag große Sitzung, in welcher der traurige Finanzzustand des Landes der Hauptgegenstand der Berathung war. Hieronymus, welcher mittlerweile von Brünn nach Wien übersiedelt war, gab seine Einwilligung zu dem in diesem Landtage festgesetzten Schuldentilgungsplan.

War man auch schon lange Zeit darauf gefaßt, daß mit dem Erzstifte irgend eine staatliche Veränderung geschehen werde, so wußte man doch nichts Näheres über die Punktationen des Friedens, und es waren daher Salzburgs Bewohner sehr überrascht, als am 19. August 1802 der Einmarsch des k. k. Infanterie-Regimentes Jordis erfolgte und durch den Feldmarschallieutenant Graf Mervelbt die Besitznahme des Landes als für den Großherzog Ferdinand von Toskana geschehen erklärt wurde. Es folgten in den nächsten Tagen noch andere Truppen, welche hauptsächlich in die gegen die bairische Grenze liegenden Orte verlegt wurden. Den 22. Jänner 1803 erfuhr man endlich den Inhalt der zwischen Oesterreich und Frankreich geschlossenen Convention und den 15. Februar erschien bereits Baron von Crumpipen als Hofkommissär Ferdinands, nachdem den 11. desselben Monats die förmliche Abdankung des gewesenen Landesfürsten Hieronymus proklamirt worden war.

So endete nun der geistliche Staat Salzburg, ein gealterter Baum, auf dessen dürre Aeste das frische Reis einer weltlichen Regierung gepfropft wurde.

Salzburg als weltlicher Staat unter Churfürst Ferdinand.

In Folge des Lüneviller Friedensschlusses und des am 26. Dezember 1802 zwischen Oesterreich und Frankreich zu Stande gekommenen Vergleiches, wurde Erzherzog Ferdinand für den Verlust des Großherzogthums Toskana durch die Uebergabe des bisherigen Erzstiftes Salzburg (mit Ausnahme des Gerichtes Mühldorf) entschädigt. Diesem nunmehrigen Herzogthume Salzburg wurde auch ein Theil der Bisthümer Eichstädt und Passau, dann das Fürstenthum Berchtesgaden einverleibt, wodurch es gegen früher an Flächenraum um 43 Quadratmeilen und um 135.270 Einwohner zunahm.

Den 18. Februar 1803 entband der Hofkommiſſär die Beamten und Diener ihrer Pflicht gegen den abgetretenen Landesfürſten und nahm die Huldigung für den nunmehrigen Regenten entgegen.

Hatten auch die Abſchiedsworte des Erzbiſchofes bei Salzburg's Bewohnern momentan Rührung hervorgerufen, ſo ließ doch der unverholene Jubel bei dem Akte der Huldigung deutlich erkennen, daß die Bevölkerung des Landes ſich des Vortheiles klar bewußt war, welcher darin lag, daß von nun an ihr Wohl und Glück nicht mehr von einer günſtigen oder ungünſtigen Wahl durch das Domkapitel abhängen ſollte. Es ſagte dem Volke, das bisher dem Gefühle wahrer Anhänglichkeit gegen ſeine Regenten durch die bisherigen Inſtitutionen ſo ziemlich fremd war, vielmehr zu, die Nachfolge in der Regierung im Erbrechte gegründet zu wiſſen und es folgte mit ſichtlicher Zufriedenheit dem regen Walten der nunmehrigen Regierung, die es ſich aber auch angelegen ſein ließ, durch ſchnelle Umwandlungen der beſtehenden Einrichtungen einen beſſeren Gang in die Staatsmaſchine zu bringen.

Die Errichtung einer eigenen Regierung, Trennung der Juſtiz von den politiſchen Aemtern, die Verfaſſung eines Gewerbekataſters waren vortheilhafte Maßregeln von großer Tragweite.

Am 29. April, dem Tage, an welchem vor 31 Jahren Erzbiſchof Hieronymus ſeinen feierlichen Einzug hielt, kam Großherzog Ferdinand in ſeiner nunmehrigen Reſidenzſtadt an und am 10. Juli 1803 wurde die Verleihung des Churfürſtenhutes an Ferdinand feierlich proklamirt.

Im nächſten Jahre ſehen wir bereits dem Organismus der Staatsverwaltung in folgender Art zuſammengeſtellt:

Ein dirigirendes Staatsminiſterium, welchem der Marquis Manfredini vorſtand, bildete die Centralleitung für alle Geſchäfte mit fremden Höfen, für die Oberaufſicht über die Unterrichts- und Erziehungsanſtalten, über das Cenſurweſen und über die militäriſchen Anordnungen, während die übrigen Gegenſtände der churfürſtlichen geheimen Hofkanzlei zufielen.

Das Herzogthum Salzburg unterhielt seine eigenen Gesandtschaften und Gewaltträger im Auslande für den diplomatischen Verkehr und zum Schutze seiner Landeskinder.

Bei Trennung der Justiz von den politischen Geschäften wurde für Besorgung der ersteren eine Oberste Justizstelle und ein Rechts-Collegium eingesetzt, die politische Verwaltung hingegen einer Landesregierung zugewiesen.

Das Consistorium hörte auf, eine landesfürstliche Stelle zu sein, und die Besorgung der geistlichen Geschäfte vermittelte zwischen Salzburg und dem in Wien sich befindenden Erzbischof der aus Consistorialräthen bestehende Administrationsrath.

Die Hofkammer übernahm die Besorgung der Kameralgegenstände und hatte überdieß die Staatsbuchhaltung, die Oberstwaldmeisterei, das Münzamt, die Oberstfischmeisterei in ihrem Wirkungskreis. Die Pfleg- und Landgerichte wurden den Beamten gegen Besoldung zugewiesen und hierdurch der willkürlichen Sportelwirthschaft ein Ende gemacht. Ueber das Steuerwesen des Landes wachte die General-Steuerstube, und die Landschaft hatte ihre Vertretung durch den großen und den kleinen Ausschuß. Für das Sanitätswesen war ein Medizinalrath berufen und für das Wohl der Stadt sorgte der Stadtmagistrat, der aus dem Bürgermeister und 12 Stadträthen bestand.

Bezüglich der Verbesserung der Landwirthschaft hielt man sich an das gute Beispiel des benachbarten Baiern, wo bereits zahlreiche landwirthschaftliche Vereine mit bestem Erfolg wirkten. Dem Montanfache, dem reichen Bergsegen des Landes, der leider seit der Emigrationsperiode immer mehr zu versiegen drohte, widmete der Churfürst besondere Obsorge; es wurden auf Regierungskosten Männer, welche in dieser Richtung Verdienste hatten, auf Reisen in's Ausland gesendet, um die dort gemachten Erfahrungen später im Lande nutzbringend zu verwerthen.

Dem Straßen- und Wasserbaue wurden große Summen gewidmet, namentlich stellte sich das Erforderniß für den letzteren durch häufig eingetretene Ueberschwemmungen sehr hoch. Bezüglich der Straßenbauten muß hier des Baues der sogenannten Moosstraße (nach Glaneck) gedacht werden, welche, obschon zum Theile bereits 1736 begonnen, doch in ihrer größeren Strecke von 1804 bis 1807 hergestellt wurde. Ein zweites wichtiges Unternehmen war der Bau einer Fahrstraße über Schellenberg, Berchtesgaden und über den Hirschbühel nach dem Pinzgaue, welche ebenfalls 1807 eröffnet wurde.

Leider dauerte dieser Zustand einer günstigen Entwicklung nur kurze Zeit, viel zu kurz, um die Wunden der letzten Kriegsjahre vollkommen zu heilen. Denn als im Jahre 1805 Napoleon die Krone Italiens mit jener Frankreichs vereinte, trat Oesterreich im Bunde mit England, Rußland und Schweden gegen die Verletzung des Lüneviller Friedens auf. Dieß benützte Frankreich als Vorwand zur Kriegserklärung, welche im Monate September erfolgte.

Das siegreiche Vorgehen Napoleons war für Salzburg von den schlimmsten Folgen, denn schon nach der Kapitulation Ulm's zogen sich die österreichischen Truppen von Tirol über Salzburg zurück. Zur Erleichterung des Rückzuges wurden im Einvernehmen mit der Landschaft am Walserberg, bei Liefering, Bergheim und Mundigl Feldschanzen angelegt, um ein rasches Nachdringen des Feindes zu erschweren. Churfürst Ferdinand verließ seine Residenz am 18. Oktober und übertrug die Centralleitung der Regierungs-Geschäfte an Minister Manfredini.

Schon den 30. Oktober 1805 zog Bernadotte mit seinem großen Stabe und mit 65.000 Mann in Salzburg ein, nachdem er schon acht Tage zuvor Eichstädt gebrandschatzt hatte.

Während nun ein Theil der französisch-baierischen Armee gegen Tirol marschirte, beim Passe Strub jedoch durch die tapferen Vertheidiger aufgehalten wurde, und während ein zweites Corps über den Paß Lueg vordrang, hatte die Stadt Salzburg unendlich viel von der französischen Wirthschaft zu leiden.

Millionen wurden mit einer Leichtigkeit gefordert, als ob nicht deren Zahlung nur mit unendlicher Anstrengung aller Landeskräfte zu ermöglichen gewesen wäre, Contributionen an Naturalien wurden in verschwenderischen Mengen ausgeschrieben, die Last der Bequartierung räumte Haus und Hütten den fremden Gästen ein, die darin nach Wohlgefallen hausten.

Endlich den 6. Jänner traf zu Salzburg die ersehnte Botschaft ein, daß zu Preßburg der Friede geschlossen wurde. Doch hatten die Franzosen in Folge des Friedensschlusses die Verpflichtung zum Abzuge erst innerhalb zwei Monaten, welche Zeit dieselben noch sehr gut zu ihrem Vortheile und zum Nachtheile des Landes auszunutzen verstanden. Dem weiteren ungemessenen Begehren der Feinde wurde nun doch ein Ziel gesetzt und hierdurch in Etwas eine Beruhigung wachgerufen. Nun traten die Befürchtungen über das künftige Geschick des Landes auf, die jedoch durch eine Proklamation Manfredinis beschwichtigt wurden, welche kundmachte, daß Se. Majestät der Kaiser von Oesterreich in Folge des Preßburger Friedens Herr des Landes sei und die weiteren Anordnungen wegen Besitznahme nachfolgen würden.

Churfürst Ferdinand erhielt als Entschädigung das Fürstenthum Würzburg.

Es endete nun eine Regierungsperiode, welche in dem kurzen Zeitraume von drei Jahren ein neues Staatsgebäude aufgebaut hatte, das stark in seinen Grundfesten, einen für die Zukunft des Landes glücklichen Ausbau hoffen ließ. Doch der abermalige Regierungswechsel warf auch diesen Hoffnungsbau wieder in Trümmer.

Salzburgs erste österreichische Periode.

Durch diesen erneuerten Regierungswechsel wurde Vieles an den zum Besten des Landes eben erst ins Leben gerufenen Anstalten wieder geändert.

Die Selbstständigkeit des Landes hörte gänzlich auf, und es hatte nur das hinzunehmen, was der Großstaat, dem es nun angehörte, für diese von ihm und seinen Centralstellen fast gar nicht gekannte Provinz anordnete. Angelegenheiten der Bewohner, Aemter, Landeskultur und Landesgebräuche wurden nach der allgemeinen Schablone behandelt, ohne daß den besonderen Verhält-

nissen des Landes in irgend einer für dasselbe vortheilhaften Art
Rechnung getragen wurde. Man ahnte die Wandelbarkeit dieses
Besitzes und beeilte sich deßhalb an allen Quellen des Landes zu
schöpfen, ohne an die Zukunft zu denken. Es wurden Stempel-,
Tabak- und Lotto-Gefälle eingeführt. Am fühlbarsten war
wohl diese Periode für die Stadt Salzburg. Sie war aus einer
Residenz ein kleines Provinzstädtchen des Kaiserreiches geworden,
die bisherigen Hofämter wurden geschlossen, die früheren hohen Funk-
tionäre zum großen Theile versetzt und durch Beamte ersetzt, die
bei ihrer Unkunde des Landes sich für die Wohlfahrt desselben auch
nicht interessiren konnten; die geistlichen Orden erlitten eine bedeutende Schmälerung, die Geschäfte stockten und die Entwerthung
der bisherigen Landesmünze wirkte ebenfalls schädlich ein. Was
an industriellen Unternehmungen vorhanden war, wurde zum größten Theile verkauft oder verpachtet, Kunst- und Alterthumsschätze
sowie der größte Theil des Archives wurde nach der Residenzstadt
Wien gebracht.

Ein Lichtpunkt in dieser ziemlich düsteren Periode war die
Anwesenheit des Monarchen in Salzburg, welche vom 5. bis 22. Oktb.
1807 währte, während welcher Zeit die Gelegenheit geboten war,
den Wünschen und Bitten des Landes Ausdruck zu geben.

Zu den geschilderten mißlichen Verhältnissen traten noch
Elementarereignisse, welche Mühe und Fleiß des Landmannes zu
nichte machten; die Periode von 1806—1809 ist reich an Ueberschwemmungen und Hagelschlag, das Hauptgewitter zog aber wieder
aus dem Westen herauf, denn Napoleon griff wieder zum Schwerte
und verwandelte Oesterreich in ein Heerlager, in welches nun Salzburgs Söhne auch gehörten. 1808 fand bereits die Aufstellung
der Landwehr statt und auf die am 7. April 1809 erfolgte Kriegs-
Erklärung begannen große Lieferungen für die durchziehenden österreichischen Truppen.

Salzburg wurde nach den für die französischen Waffen sieg-
reichen Kämpfen in Deutschland in Folge seiner Lage bald auch
zum Kriegsschauplatze. Napoleon hatte am 27. April dem General

Wrede den Befehl ertheilt, sogleich nach Salzburg vorzudringen und es zu besetzen. Wieder wurde Laufen zum Uebergangspunkte gewählt und wieder glückte der Uebergang derart, daß Wrede am 29. in die Hauptstadt einrückte, während die österreichischen Truppen das Terrain von Wals, Grödig, Aigen und selbst die Stellung bei St. Gilgen besetzt hielten, um dem Feinde das Vorrücken gegen Salzburg zu erschweren.

Um die möglichste Schonung für die Stadt und das Land Salzburg zu erbitten, verfügte sich eine Deputation zu Napoleon nach Burghausen, welche bei ihrer Rückkunft nach Salzburg daselbst noch regeres Leben fand, da den 30. Mittags Marschall Lefèbvre, Herzog von Danzig, mit 20.000 Mann der baierischen Armee eingerückt war.

Die Festgabe für den 1. Mai war die Proklamation des Herzogs, laut welcher

Salzburg unter französische Administration

gestellt wurde.

Die Hauptglieder dieser Administrations-Behörde waren: General Kister als Gouverneur, an dessen Seite ein Kontributionskassier, ein Kriegskommissär und ein Intendant standen. Die aus dem Bischofe von Chiemsee, den Regierungsräthen Fellner, Pichler, dem Dr. Auer und Stadtrath Metzger und einigen Sekretären gebildete Landeskommission war die Hilfsbehörde der Ersteren, welche nur begehrte, während diese Alles herzuschaffen hatte.

Außer den Requisitions- und Bequartierungsgeschäften wurde die erste Obsorge der Stadtbefestigung und der Approvisionirung der Festung zugewendet.

Den Franzosen war sehr daran gelegen, dem von Oesterreich betriebenen Abfall Tirols von Baiern entgegenzuarbeiten. Im salzburgischen Gebirgslande organisirte sich indessen die Landesvertheidigung, wodurch Napoleons Absicht der Eroberung Innersalzburgs erschwert wurde. Doch war Jellachich gezwungen, Tirol zu verlassen, worauf dann die Franzosen in Innsbruck einzogen. Ein baierisches Corps rückte nach Ischl vor, und das salzburgische Zillerthal wurde ebenfalls von baierischen Truppen besetzt. Als jedoch Lefebvre Ende Mai Tirol verließ, erhoben sich die Bewohner dieses Gebirgslandes und zwangen die Baiern zum Abzuge.

Unter solchen Verhältnissen befürchtete die Salzburger Administration ein Gleiches in diesem Lande und Gouverneur Kister erließ Befehle zur Demolirung der Paßbefestigungen und ordnete eine allgemeine Entwaffnung an. Dieß ging indessen nicht so leicht, denn schon war das Einvernehmen zwischen den Tirolern und Salzburgern hergestellt worden, und die Gebirgsbewohner erhoben sich überall wieder zur Vertheidigung des Landes.

Bis gegen Ende Juli dauerte der mit Erbitterung geführte Gebirgskrieg. Nach dem Falle Taxenbachs durchzogen die baierischen Truppen Pinzgau und Zillerthal, ohne weiter auf Widerstand zu treffen.

Wiederholt wurde die Entwaffnung angeordnet und in der ersten Hälfte des August zum Theile auch durchgeführt. Daß dieses Geschäft nicht derart von Statten ging, wie es in den Wünschen der Landesadministration lag, daran war die abermalige Besiegung der Franzosen durch die Tiroler Schuld, in Folge deren sich auch Salzburgs Gebirgsbewohner wieder erhoben, und schon den 25. Septb. gab sich die geschehene Vereinigung der Tiroler und Salzburger durch ein vereintes Operiren gegen die Baiern kund. Bis Anfangs Oktober waren die Landesvertheidiger unter ihren wackeren Kommandanten überall Sieger; bis Hallein waren sie schon vorgedrungen, welche Stadt jedoch den 3. Oktober wieder in den Besitz der Feinde kam. Von nun an erlitten sowohl Tiroler wie auch Salzburger eine Schlappe um die andere, wodurch endlich ihre Kapitulation herbeigeführt wurde.

Der Wiener Friedensschluß (vom 14. Oktober 1809) machte endlich den Kämpfen, aber nicht den sonstigen Kriegsdrangsalen, ein Ende, welche lange fortdauerten und des Landes Kräfte aussaugten.

Dem Wortlaute des Friedensinstrumentes nach war das
Schicksal Salzburgs in so weit entschieden, daß es von Oesterreich
wieder abgetrennt wurde, und in Folge des zu Frankfurt am
12. September 1810 geschlossenen Vertrages wurde

Salzburg eine baierische Provinz.

Von diesem Vertragsabschlusse wurde die Administration am
18. September 1810 in Kenntniß gesetzt. Als Uebernahmskommissär fungirte Karl Graf von Preysing.

Das nun baierische Salzburg umfaßte auch Berchtesgaden
und das tirolische Gericht Kitzbühel, ferner die baierischen Gerichte
Reichenhall, Traunstein, Burghausen und Simbach, das Innviertel
mit Ausschluß von Obernberg und Schärding, und den abgetretenen
Theil des Hausruckkreises. Dieser Complex bildete in der Folge
den baierischen Salzachkreis, welcher auf 254 Quadratmeilen
363.300 Einwohner zählte. Die feierliche Uebernahme und die
Huldigung geschah am 27. September. Kanonensalven, Musik
Ball und Feuerwerk waren, wie es nun schon öfters geschah, die
Beigaben dieses offiziellen Festtages.

Die Landesadministration wurde aufgelöst, an ihre Stelle
trat wieder eine Regierung, welche später den Titel General-
Kommissariat des Salzachkreises erhielt, die Pflegämter hatten sich
nun Landgerichte zu nennen.

Bevor noch das Jahr 1810 zu Ende ging, wurde die Universität nach 186jährigem Bestehen aufgehoben, und in ein Lyceum
mit theologischer Fakultät umgestaltet; in demselben Monate, nämlich im Oktober, wurde auch zum Schaden des Landes die Landschaft aufgehoben.

Die bisherigen Landgerichte wurden in ein Stadtgericht 2. Kl.
umgeändert, die baierische Stempelordnung eingeführt und für die
Kreishauptstadt Salzburg wurde ein Municipalrath und eine
Kommunal-Administration konstituirt. Die Gemeinden erhielten
eine wesentliche Veränderung durch die allerorten errichtete National-

garde 3. Kl., und das alte Institut der Feuerschützen hatte hierdurch sein Ende erreicht.

Im Juli 1811 nahm Kronprinz Ludwig seinen Aufenthalt zu Salzburg.

Es versteht sich von selbst, daß in der nun baierischen Provinz auch die baierischen Einrichtungen sowohl im Forst-, wie Montansache maßgebend waren. Eine neue Bauordnung, so wie Aenderungen in dem bisherigen Zunft- und Gewerbewesen, dann baierisches Gewicht und Maß wurden eingeführt. Post- und Paß-Wesen ließ Vieles zu wünschen übrig.

Die bestandenen salzburgischen Erbämter wurden aufgehoben, die meisten Schlösser, die beredten Zeugen der Vorzeit, auch mehrere entbehrliche Amtsgebäude verkauft.

Der größte Nutzen erwuchs dem Lande während dieser Periode auf dem Felde der Landwirthschaft — die gesellschaftlichen Verhältnisse gewannen durch die Gründung des Museums, das seit jener Zeit bis in die Gegenwart fortbesteht.

Den 19. Mai 1812 starb zu Wien im Alter von 80 Jahren Erzbischof Hieronymus, der letzte geistliche Landesfürst Salzburgs.

Kaum waren die in Folge des Regierungswechsels beabsichtigten Hauptänderungen in's Werk gesetzt, so wurde erneuert das Kriegsalarmzeichen gegeben. An dem Kriegszuge Napoleons nach Rußland mußte Baiern als dessen Alliirter mit 40.000 Mann ebenfalls theilnehmen, weßhalb auch im Salzachkreise bedeutende Werbungen stattfanden. Die großen Verluste, welche die Armee erlitt, bedingten stetes Nachrücken von Verstärkungen, weßhalb alle waffenfähige Mannschaft ausgehoben und im Lande die Reserven aufgestellt wurden. Im Jahre 1813 sehen wir sogar in Salzburg den Belagerungszustand proklamirt, weil die Oesterreicher das Innviertel besetzt hielten. Doch die Trennung Baierns vom Rheinbunde und das mit Oesterreich geschlossene Bündniß machten dem Belagerungszustande wieder ein Ende, die angebrachten Verschanzungen wurden demolirt und die zur Approvisionirung der Festung bestimmten

Artikel versteigert. Wohl blieben die Leistungen für die auf dem Zuge nach Paris durchpassirenden Truppen noch immer bedeutend, allein die Opferwilligkeit war erhöht, da es galt, endlich die Deutschen vom französischen Joche zu befreien. Die im Schlosse Mirabell erfolgte Geburt des Prinzen Otto, des nachherigen Königs von Griechenland — dann die Entdeckung und Ausgrabung interessanter Funde der Vorzeit [49]) fallen schon gegen das Ende der baierischen Periode (1815), denn laut des am 14. April zu München zwischen Baiern und Oesterreich abgeschlossenen Vertrages, wurde

Salzburg wieder eine österreichische Provinz.

Obgleich ein Regierungswechsel in Salzburg nicht mehr zu den besonderen Seltenheiten gehörte, so war der 1. Mai 1816 dennoch ein Tag, an welchem die verschiedenartigsten Gefühle die Bewohner beherrschten, als am Morgen dieses Festtages der Natur die kaiserlich-österreichische Brigade einzog und am Residenzplatze paradirte, während im Markus Sitticus-Saale der Residenz die Uebergabe des Landes Salzburg von Baiern an Oesterreich durch die hierzu bevollmächtigten Hofkommissäre feierlich vollzogen wurde. Der Wappenschild mit den blauen und weißen Rauten wurde abgenommen und an dessen Stelle der Doppelaar gesetzt. Das nun einen Bestandtheil Oesterreichs bildende Salzburg hatte jedoch nicht jene Gränzen wie unter Baiern beibehalten, sondern Letzteres übergab in Folge des abgeschlossenen Staatsvertrages das salzburgische Gebiet wie Oesterreich dasselbe im J. 1809 besessen hatte, mit Ausnahme der Gerichte Waging, Titmoning, Teisendorf und Laufen, welche insoweit sie auf dem linken Ufer der Saale und Salzach liegen, dem Königreiche Baiern verblieben, ferner kamen an Oesterreich jene Theile des Hausruck- und Innviertels, welche bereits 1809 zu diesem Staate gehört hatten. Neben den Verlusten der fruchtbarsten Districte wurden späterhin die Gränzen des Landes noch enger gezogen, denn als der neue Herrscher im Monate Juni 1816 persönlich die Huldigung entgegennahm, wurde zwar das Versprechen gegeben, daß dem Lande die frühere ständige Verfassung wieder verliehen werden solle, dagegen sollten das Ziller- und Brixenthal, sowie das Landgericht Ytter vom Salzburger Lande losgetrennt und für immer dem Lande Tirol einverleibt werden. Diese Eröffnungen waren wohl nicht geeignet, die freudigen Kundgebungen bei der Huldigungsfeier zu vermehren. Salzburg erhielt nun ein Kreisamt, an dessen Spitze Graf v. Welsperg als Kreishauptmann bis zum J. 1825 war, und unterstand der obderennsischen Landesregierung zu Linz.

Die Zustände, welche nun eintraten, waren in keiner Beziehung befriedigend. Handel und Gewerbe stockten und der Nothstand wuchs mit jedem Tage mehr. Man wandte sich an den Monarchen mit der Bitte um Restaurirung der Landschaft, Wiedererrichtung der Universität und ersuchte, einen kaiserlichen Prinzen in dieser Stadt residiren zu lassen, denn in der Genehmigung dieser Bitten sah man die Möglichkeit, daß Stadt und Land nach so vieljährigen Drangsalen sich wieder erholen könnten. Doch es blieb beim Alten. Im Herbste des J. 1816 trat eine bedeutende Theuerung der Lebensmittel ein, welche sich bis zum nächsten Jahre fortwährend steigerte.[50]) Die Maßregeln, welche getroffen wurden, um dem Kartoffelbau Eingang zu verschaffen, blieben in jener Zeit erfolglos, wie überhaupt die regere Thätigkeit, welche sich unter der letztabgelaufenen Regierungsperiode auf dem Felde der Landwirthschaft kund gegeben hatte, wieder durch die nun angeordnete Auflösung der Salzburger Landwirthschafts-Gesellschaft (1817) litt.

Kaum hatte die Theuerung nachgelassen, so traf die Stadt wieder neues Unglück durch den großen Brand (30. April 1818) welcher 93 Gebäude des am rechten Ufer liegenden Stadttheiles in Asche legte. Die Kasernen längs des Mirabellplatzes, so wie mehrere von den Gebäuden, welche denselben umgeben hatten, wurden nicht mehr aufgebaut, das Schloß Mirabell, welches bei dem Brande ebenfalls sehr gelitten hatte, erhielt bei der Wiederherstellung eine etwas veränderte Gestalt.[51])

Der seit dem J. 1816 bestandene provisorische Magistrat wurde 1818 aufgelöst und an dessen Stelle der gewählte neue Stadtmagistrat mit einem Bürgermeister und vier Stadträthen gesetzt.

Hatte 1820 der Besuch des allerhöchsten Herrscherpaares einiges Leben in das verödete Provinzstädtchen gebracht, so verschafften im folgenden Jahre die bedeutenden Truppendurchzüge nach Italien wieder besseren Verdienst.

Die geistlichen Angelegenheiten des Salzburger Sprengels, welche seit dem Tode des Erzbischofes Hieronymus der Fürstbischof von Chiemsee versehen hatte, erhielten 1824 in der Person des Erzbischofes Augustin Gruber einen neuen Leiter.

Was die Wiederherstellung der Landschaft anbelangt, so wurde zwar 1827 der größere Ausschuß einberufen, um wegen der Wiedererrichtung die zweckdienlichen Vorschläge zu erstatten, doch hatten dieselben keinen Erfolg. Der Stadtmagistrat erhielt in diesem Jahre seine definitive Organisation und bestand nun aus dem Bürgermeister, 2 geprüften und 4 bürgerlichen oder ökonomischen Räthen, dann, nebst der nöthigen Anzahl von Beamten, aus 6 Bürgerausschüssen.

Schon unter der bairischen Regierung waren für die Regulirung der Salzach und der hierdurch bezweckten Entsumpfung des Pinzgaues die Vorarbeiten eingeleitet worden, in Angriff genommen wurden jedoch diese für die Hebung des Kultur- und Gesundheitszustandes so wichtigen Arbeiten erst unter österreichischer Herrschaft und war in dieser Beziehung besonders die 1832 stattgehabte Reise des Kaiser Franz durch das Pinzgau förderlich.

Der gelegenheitlich dieser Reise von dem Monarchen gethane Ausspruch: „Meine Kinder, da muß euch geholfen werden", hat sich auf das glänzendste bewahrheitet; der Staat hat große Summen für diese Arbeiten verwendet.

In das Jahr 1834 fällt die Gründung des städtischen Museums, welche für viele Salzburger eine erwünschte Gelegenheit bot, ihre Pietät für die große geschichtliche Vergangenheit ihres Heimatlandes durch kräftige Unterstützung dieses Unternehmens zu bethätigen.

Nachdem 1835 Erzbischof Augustin mit Tod abgegangen war, wurde Fürst Friedrich von Schwarzenberg Cardinal-Erzbischof und hielt seinen Einzug im darauffolgenden Jahre. Durch Akte der Wohlthätigkeit und durch Unterstützung von Kunst und Wissenschaft hatte sich Cardinal Friedrich alle Herzen gewonnen. Der Bau der h. Karlskapelle auf dem Mirabellplatze wurde von diesem Kirchenfürsten geführt.

Mit den Vierziger Jahren begann eine sichtliche Wendung zum Besseren.

Nachdem durch Schilling die Idee der Errichtung eines Denkmales für Mozart in Salzburg zuerst ausgesprochen worden war, begannen auch bald die Vorarbeiten zur Durchführung dieses Projectes, welches in ganz Europa lebhaften Anklang fand.

Im J. 1841 wurden bereits die Arbeiten zur Grundsteinlegung für das Monument in Angriff genommen. Bei dieser Gelegenheit traf man auf römische Bauten, wodurch der Grundbau sich verzögerte, da man vorerst diese Zeugen der ältesten Geschichte zu retten hatte.[52] Daß die im darauffolgenden Jahre geschehene Enthüllung der Mozartstatue von gewichtigen Folgen für die Stadt war, ist nicht zu bezweifeln. Der große Zusammenfluß von Fremden bei dieser Gelegenheit beförderte regen Ideenaustausch und wurde nun von Jahr zu Jahr durch die stete Vervollkommnung der Kommunikationsmittel rege erhalten.

Mehrere Vereine begannen damals bereits ihre Thätigkeit und zwar in der Mehrzahl solche, welche für die Interessen der Kunst wirkten. Der Gährungsproceß des J. 1848 verlief hier ziemlich ruhig. Das Jahr 1848 ist aber für Salzburg noch in einer Beziehung ein denkwürdiges, denn seit demselben geruht Ihre Majestät Kaiserin Carolina Augusta stets einen Theil des Sommers hier zuzubringen.

Die Kriegsereignisse der J. 1848, 1849 gaben den Söhnen des Landes Gelegenheit, die altbewährte Tapferkeit zu zeigen. Sowohl in Italien wie auch in Ungarn kämpfte das vaterländische Regiment mit anerkannter Bravour. Im Feldzuge des J. 1859 focht ein Theil des Regimentes bei Magenta und bei Solferino standen die 3 Bataillone des salzburgischen Regimentes unter Benedek's Corps am rechten Flügel, welcher siegreich focht. Hier muß auch jene Opferwilligkeit erwähnt werden, mit welcher Salzburgs Bewohner beitrugen, um durch freiwillige Spenden das Loos der Verwundeten zu mildern.

Beim Ausbruche der Feindseligkeiten im J. 1866 bildete das vaterländische Regiment einen Theil jener Heeresabtheilung, welche Tirol mit Erfolg vertheidigte.

Endlich im J. 1850 ging auch des Landes sehnlichster Wunsch in Erfüllung, es wurde

Salzburg eine selbstständige Provinz des österreichischen Kaiserstaates.

Das Kronland Salzburg hatte nun seine eigene Landesstelle und behielt solche, ausgenommen die Zeit vom Jänner 1860 bis Mai 1861, während welcher Periode für dasselbe eine, der Statthalterei Linz untergeordnete Landeshauptmannschaft bestand. Die früheren Pflegämter wurden nun Bezirksämter, ihre Anzahl erfuhr aber bei der Organisation im Jahre 1854 wieder einige Veränderungen.

Seit März 1867 bestehen der Landesregierung untergeordnet die Bezirkshauptmannschaften als politische Aemter und für das Justizfach die dem Landesgerichte zugewiesenen Bezirksgerichte.

An der Spitze der Landesregierung steht gegenwärtig Carl Graf v. Coronini-Cronberg, durch Geburt und Bildung gleich ausgezeichnet, und immer bemüht, die Wohlfahrt des Landes zu fördern.

Nach langjähriger Unterbrechung tagte 1861 der Landtag wieder. Die selbstständige Gemeindeverwaltung seit 1850 bestehend sorgt für die Stadtangehörigen.

Im J. 1850 wurde Cardinal Schwarzenberg Erzbischof zu Prag, und es folgte ihm auf Salzburgs erzbischöflichem Stuhle Maximilian von Tarnóczy. Die allgemeine ungeheuchelte Verehrung, ihm gezollt von Allen, ist der sprechendste Beweis von dem erhabenen Wirken dieses Kirchenfürsten. Durch die Zeitverhältnisse begünstigt, tritt der Volksgeist immer mehr zu Tage und spricht sich in dem Entstehen der die verschiedensten Interessen vertretenden Vereine aus. Das Vereinswesen begann sich mehr und mehr zu entfalten und steht nun, da wir im Besitze eines liberalen Vereinsgesetzes sind, gekräftigt da. Die meisten der Salzburger Vereine sind mit jenen, den gleichen Zweck verfolgenden anderer Provinzen und Staaten in lebhaftem Verkehre. Die Stadt Salzburg, weitgerühmt wegen ihrer Naturschönheiten, und ihrer durch Biederkeit und Gastfreundschaft sich immer auszeichnenden Bewohner öffnete schon häufig ihre Pforten dem Einzuge von Vereinsgästen und jede solche Gelegenheit ist in den Blättern der Stadtgeschichte eingetragen und haftet in der Erinnerung der Theilnehmer. So tagte hier die 14. Versammlung der deutschen Land- und Forstwirthe, die katholischen Vereine Deutschlands hielten 1857 daselbst ihre General-Versammlung und als es 1862 galt für die 7. General-Versammlung der deutschen Künstler den Ort zu ihren Verhandlungen zu wählen, wurde der Vorschlag zur Wahl Salzburgs mit allgemeinem Jubel begrüßt und fand diese Kundgebung ihr Echo in dem hierüber zu Tage getretenen Ausdruck froher Zustimmung bei Salzburgs Bewohnern. Die Berichte über jene Festtage der Künstler-Versammlung sind zu Sendboten geworden, welche nach allen Richtungen die Kunde brachten, daß Salzburgs Bewohner die Kunst in den Künstlern zu ehren verstanden. Im darauffolgenden Jahre gab die Abhaltung des deutschen Eisenbahn-Congresses wiederholte Veranlassung zu Festlichkeiten. In diese Tage (4. August) fällt auch die Durchreise Sr. Maj. des Kaisers Franz Josef und die Grundsteinlegung zur Kirche der evangelischen Gemeinde von Salzburg, welche sich damals konstituirt hatte.

Was aber das Vereinsleben im Lande Salzburg selbst betrifft, so finden wir, daß dasselbe von Jahr zu Jahr im Zunehmen begriffen ist, und daß die Vereinszwecke von verschiedenster Natur sind. Während eine große Zahl derselben ihre Thätigkeit Andachtsübungen und sonstigen gottesdienstlichen Werken zuwendet, suchen andere durch wohlthätige Handlungen das Geschick unglücklicher Nebenmenschen zu mildern.

Belehrung und Verbreitung gemeinnütziger Kenntnisse sind ebenfalls Ziele, welche von einzelnen Vereinen angestrebt und durch Vorträge oder Herausgabe von Druckschriften zu erreichen gesucht werden. In dieser Reihe steht die Gesellschaft für salzburger Landeskunde. Ihr Bemühen, obgleich in der Hauptstadt erkannt und unterstützt, erfreut sich noch nicht jener allgemeinen Theilnahme, welche wünschenswerth wäre. Auch gehören hierher jene Haupt- und Filial-Vereine, welche die Verbesserung der Landwirthschaftszweige zum Gegenstande haben und als Mittel zur Erreichung ihres Zweckes Ausstellungen und landwirtschaftliche Feste veranstalten.

Vereine zur Hebung des geselligen Verkehrs bestehen sowohl in der Hauptstadt, wie in anderen Orten des Kronlandes. Die älteste Gesellschaft dieser Art ist der nunmehrige „Geselligkeitsverein", früher Museum genannt, dessen Entstehen in das Jahr 1810 fällt.

Wie die freiwillige Feuerwehr schon öfters Gelegenheit hatte, den Nutzen ihres Bestehens thatsächlich zu beweisen, trat in neuester Zeit ein Verein, nämlich der technische Klub, dadurch zum allgemeinen Besten handelnd auf, daß er den schon lange Zeit als dringendes Bedürfniß gefühlten Stegbau über die Salzach unternahm und ausführte.

Handel und Gewerbe haben seit dem J. 1848 in bedeutendem Maße zugenommen und besonders haben sich letztere seit der 1862 in's Leben getretenen Gewerbefreiheit gehoben.

Von den wohlthätigsten Folgen ist der Umstand begleitet, daß seit dem J. 1862 Se. kais. Hoheit Erzherzog Ludwig Victor einen Theil des Jahres hier residirt, welches günstige Verhältniß dadurch gesteigert wurde, daß seit dem J. 1868 auch Se. kais. Hoheit Großherzog Ferdinand v. Toskana einen Theil der Winterresidenz bewohnt.

Werfen wir nun einen Blick auf die bauliche Entwicklung Salzburgs während dieser letzten Periode.

Bald nach dem J. 1848 begann die Bevölkerung der Stadt sichtlich zuzunehmen, mehrere Familien des österreichischen Adels schlugen hier ihr Domicil auf, stets größer wurde auch die Zahl jener, welche durch die herrliche Lage Salzburgs angezogen, ihre Ruhejahre hier verleben. So wurden die vordem nur gering bewohnten Gebäude belebter, die höheren Zinse drängten die ärmeren Bewohner mehr in die Vorstädte und endlich wurden bei dem gänzlichen Mangel von Neubauten die obersten Stockwerke, welche zum größten Theile bisher zu Trockenräumen dienten, zu Wohnungen, und die ebenerdigen Räume zu Gewölben hergerichtet und vermiethet. Der Gürtel, welcher durch die Befestigungen um die Stadt gezogen war, gestattete keine Vergrößerung derselben, und Neubauten außerhalb der Festungswälle hinderte die für solche Fälle gesetzlich angeordnete Ausstellung der Demolirungs-Reverse.

Doch außerhalb der durch den Festungsrayon gezogenen Linie, besonders in dem reizenden Aignerthale wurden vorhandene Gebäude für den Sommeraufenthalt eingerichtet, auch mehrere neu gebaut und innerhalb zehn Jahren war diese liebliche Gegend bereits so stark bewohnt, daß man an die Herstellung einer directen Communication mit der Stadt durch den Bau einer neuen Brücke denken mußte, und es gelang den Bemühungen des damaligen Landeschefs Grafen von Fünfkirchen, daß die neue Karolinenbrücke bereits 1858 dem öffentlichen Verkehre übergeben werden konnte.

Im Beginne der 50er Jahre wurde die von der Grieskaserne gegen das Klausenthor führende und die Ursulinergasse gegen die Salzach abschließende Umfassungsmauer demolirt und dadurch diesem Stadttheile Luft und Licht gegeben.

Im Jahre 1860 hörte Salzburg auf als Festung zu gelten und es wurden hierdurch die Demolirungs-Reverse entkräftet. Doch zeigte sich auch dann noch keine rege Baulust, obgleich die ausgedehnten Bauten im Eisenbahn-Stationshofe ihrer Vollendung zugingen und diese Eisenstraße, welche Salzburg in das große europäische Eisenbahnnetz einbeziehen sollte, noch in demselben Jahre feierlich dem Betriebe übergeben wurde.

Der vermehrte Wagenverkehr zwischen der Stadt und dem Bahnhofe gebot dringend einige Passageerweiterungen, von denen die wichtigsten jene waren, welche durch die Demolirung der St. Andräkirche, dann des Lederer- oder sogenannten Virgilithores (1861) gewonnen wurden.

Im letzteren Jahre begannen auch die Arbeiten zur Aufführung des Steindammes am rechten Ufer der Salzach, durch dessen Bau eine bedeutende Grundfläche für Neubauten gewonnen wurde. Von besonderer Verdienstlichkeit war in dieser Angelegenheit das Wirken des Landespräsidenten Freiherrn von Spiegelfeld. Der ehemalige Mirabeller Stadtgraben verwandelte sich in einen Stadtpark und schon zieren Kirchen und geschmackvolle Privatgebäude diesen von neuen Straßen durchschnittenen Raum. Auch das gegenüberliegende Ufer gewann von Jahr zu Jahr. 1863 wurde die Grieskaserne demolirt, später die Ufermauer von der Stadtbrücke an bis hinab zur Eisenbahnbrücke gebaut und am Franz-Josef-Kai eine liebliche Promenaden-Anlage geschaffen.

Landespräsident Graf von Taaffe legte bei jeder Gelegenheit das wärmste Interesse für das Emporblühen von Stadt und Land an den Tag und bethätigte solches durch die energische Durchführung dessen, was zum allgemeinen Besten führte. Seinem persönlichen Einflusse verdankt die Stadt die Realisirung vieler ihrer Wünsche und Bitten.

1865 ist Salzburg in den Blättern der allgemeinen Geschichte eingetragen, denn hier fand die Unterzeichnung der Gasteiner-Convention statt.

Den 1. Mai 1866 feierte Salzburg den Tag, an welchem es vor 50 Jahren zum zweitenmale unter Oesterreichs Scepter kam; leider war die damalige trübe Zeit nicht geeignet, um den patriotischen Gefühlen durch öffentliche Feste Ausdruck zu geben.

Die Stadt wurde an diesem Tage durch ein kaiserliches Geschenk beglückt, welches in seinen Folgen von unberechenbaren Vortheilen für sie ist. Se. Majestät der Kaiser hat, um den Bewohnern der Landeshauptstadt des Herzogthums Salzburg als Erinnerung an die Wiedervereinigung mit der österreichischen Monarchie einen bleibenden Beweis landesväterlicher Wohlgeneigtheit zu geben, die Wälle und Gründe zwischen dem früher bestandenen Mirabell- und dem Linzer Thore der Commune Salzburg zur Stadterweiterung auf ewige Zeiten unentgeltlich als Eigenthum allerhuldvollst überlassen.

Wir schließen dieses Buch mit dem Wunsche, daß die Zeit eine immer höhere Entwicklung des geistigen und materiellen Lebens in unserem schönen Lande mit sich bringen und daß allgemeine Wohlfahrt immer mehr und mehr in ihm herrschen möge.

Anmerkungen.

¹) Zeugen dessen sind die Gegenstände aus jener Zeitperiode, welche entweder in der Stadt Salzburg selbst oder im Lande aufgefunden wurden und nun im Antikenkabinet des M. *) aufbewahrt werden. Die vorzüglichsten davon sind: ein keltischer Helm mit Backenflügeln, mehrere kurze Schwerter, Messer, dann eine beträchtliche Anzahl der verschiedenartigsten keltischen Keulen. Stiele von Spaltkeulen wurden mehrere im Salzberge Dürrnberg ausgegraben.

²) Die inschriftlichen Denksteine aus den Zeiten der Römer sind im Antikenkabinete des M. aufgestellt. Sie theilen sich in a) jene zur Verehrung der Götter, b) zur Ehre der Kaiser, c) zum Andenken an Verwandte, Freunde und sonstige Personen.

³) Obgleich ein großer Theil der auf dieser Stätte gefundenen Alterthümer durch Verkauf außer Landes kam, so bildet doch die dem Lande erhaltene Collection die reichhaltigste Sammlung des Antikenkabinetes im Salzburger M. Dieselbe besteht aus 2 inschriftlichen Leichensteinen, 88 Urnen aus verschiedenem Materiale, 46 Schmuckgegenständen, 61 Figuren und Büsten, 62 Thongeschirren und bei 300 sonstigen Objecten.

⁴) Acht solche Straßenzeichen sind im ebenerdigen Raume des M. aufgestellt. Ihre früheren Standorte waren: Henndorf, Hüttau, Tweng, Mauterndorf, St. Michael, Surrheim, Jadorf und die Taferner Alpe.

⁵) Der Versammlungsort der ersten Christen unter Maximus, an welcher Stelle dieser Heilige den Märtyrertod erlitt, wird unter dem Namen der Einsiedelei im Gottesacker des Stiftes St. Peter gezeigt. Es liegt dieselbe über der sogenannten Kreuzkapelle und ist in die Wand des Mönchsberges eingehauen.

⁶) Eine auf Pergament ausgefertigte Abschrift dieses wichtigen Dokumentes besitzt das Benediktiner-Kloster St. Peter in Salzburg.

*) Diese Abkürzung bezieht sich stets auf das städtische Museum Carolino-Augusteum.

⁷) Diese auf Pergament ausgefertigte Urkunde ddo. „Saltzburch an Mittichen nach sand Dorothen tag 1362" ist mit des Erzherzogs eigenhändiger Unterschrift so wie mit jener seines Kanzlers Johannes, Bischofs von Gurk, versehen.
An grünrother Schnur hängt das prachtvolle gut erhaltene erzherzogliche Siegel von 6 W. Zoll im Durchmesser.
⁸) Die Original-Urkunde (der Igl) ist im Archive des M. aufbewahrt. Sie besteht aus einem Pergamentblatt von 22" Breite und 15" Höhe. Ursprünglich waren an 3 Seiten derselben 52 Wachssiegel mit Pergamentstreifchen befestigt, von denen jedoch gegenwärtig 17 fehlen.
⁹) Auf einem Vorhügel des Gaisberges reizend gelegen erhöht dieses Schloß den Reiz der Gegend. Nach dem Tode des Erzbischofs Eberhard kam das Gebäude in Verfall und nur die Bestimmung als Sitz des Pflegamtes, welches hiernach auch den Namen führte, rettete es vor gänzlichem Einsturz. In dieser Verwendung blieb das Schloß bis zum J. 1697, zu welcher Zeit das neue Pflegamtsgebäude in der Gnigl entstand — nun war Neuhaus wieder unbewohnt und im 19. Jahrhunderte zählte man es bereits zu den Ruinen. Nach mehreren Besitzveränderungen kam Neuhaus durch Kauf 1851 an Grafen Mathias v. Thun, welcher es in seiner gegenwärtigen Gestalt bauen ließ.
¹⁰) Diese im reinsten gothischen Style erbaute Kapelle wurde im J. 1864 restaurirt und bei dieser Gelegenheit die sehenswerthen Grabsteine der abgebrochenen St. Andrä-Kirche an der Außenmauer derselben angebracht.
¹¹) Der erste Bauherr jenes Tractes, der die Fürstenzimmer enthält, war Erzbischof Bernhard von Rohr, wie uns die oberhalb der Thüre angebrachte Jahreszahl 1481 erweist. Der schöne Ofen wurde 1489 unter dessen zweitem Nachfolger, dem Erzbischofe Friedrich V. verfertigt. Erzbischof Leonhard von Keutschach ließ im J. 1501 die reiche Ornamentik des zweiten Prunkzimmers nebst dem Schlafgemache anfertigen, wie auch den sogenannten Ritterjaal erweitern.
Erzbischof Johann III. starb hier am 15. Dezember 1489 und Erzbischof Leonhard den 8. Juni 1519. Hier wurde auch der unglückliche Wolf Dietrich durch den Tod aus seiner fünfjährigen Haft befreit. Die Prunkgemächer befanden sich bereits zur Zeit der Uebernahme des Landes im J. 1816 in verwahrlostem Zustande. Von den schönen Wandschnitzereien waren große Theile abgebrochen und die hier vorhanden gewesenen gemalten Glasfenster waren verschwunden. Dem kunstsinnigen kaiserlichen Prinzen Erzherzog Johann ist es zu verdanken, daß diese in historischer und künstlerischer Beziehung merkwürdigen Räume renovirt wurden. Es geschah dieß in den Jahren 1848—1850.
¹²) Schon während der Regierung des Erzbischofs Sigismund wurden Veränderungen an diesem alten Orgelwerke vorgenommen, und die Kapellmeister Eberlin und Leopold Mozart schrieben für jeden Monat ein eigenes Orgelstück, nur im Monate März blieb die ursprüngliche Melodie. Während Wolf Dietrichs Gefangenschaft auf der Festung

schwieg das Horn. Später wurde ihm weniger Sorgfalt zuwendet und zu Ende der Zwanzigerjahre verstummte es gänzlich. Den Bemühungen des verstorbenen Museum-Direktors Süß gelang es, das Interesse für dieses alte Stadtwahrzeichen wieder zu wecken und am Tage der Geburt Sr. kais. Hoheit des Kronprinzen Rudolf ertönte es zum erstenmale wieder.

¹³) In der Sitzung des Domkapitels am 18. April 1580 wurde durch den Dompropst zur Kenntniß gebracht, daß Erzherzog Ferdinand von Tirol, nachdem er sich eine Rüstkammer eingerichtet, das Begehren gestellt habe, es möge ihm der „Kurassen darinnen bischoff Matheus im Lateinisch oder Bauernkrieg sei eingeritten", überlassen werden. Das Kapitel trug auf die Erfüllung dieses Begehrens an. Das M. bewahrt einen schön gearbeiteten Karabiner mit Doppelradschloß, welchen einst dieser kriegerische Erzbischof an seiner Seite trug.

¹⁴) Die Namen der mit dem Erzbischof in die Festung geflüchteten Getreuen sind in den meisten Geschichtswerken enthalten. Ihre Wappen waren gemalt und im Prunkgemache der Festung an den Querbalken des Plafonds zwischen den Marmorsäulen angebracht, kamen jedoch von da in das Kloster zu St. Peter. — Im M. befinden sich zwei Handmühlen aus jener Zeit.

¹⁵) Diese merkwürdigen Geschütze waren in früherer Zeit in der Festung aufbewahrt und kamen von dort an das M., wo sie gegenwärtig im Waffenkabinete zu sehen sind. In derselben Abtheilung, welche zugleich den sonstigen mittelalterlichen Gegenständen gewidmet ist, befindet sich auch der eiserne Sattel des Rebellenhäuptlings Stöckl.

¹⁶) Im Archive des M. befindet sich ein Protokoll, in welchem unter Erzbischof Matthäus alle jene Schulden verzeichnet wurden, zu deren Aufnahme der Landesfürst durch die Empörung der Stadt im J. 1524 gezwungen wurde.

¹⁷) Auf diesen Bau wurde eine Kupfermünze geprägt.

¹⁸) Unter Weihsteuer ist jener Steuererlag zu verstehen, welcher bei jedesmaligem Wechsel des Landesfürsten gezahlt werden mußte.

¹⁹) Von diesen Urbarien, welche auf Pergament geschrieben sind und deren Einband des Erzbischofs Wappen ziert, werden mehrere im Archive der Landesregierung aufbewahrt. Es wäre sehr zu wünschen, daß auch die übrigen, welche sich noch bei einigen Bezirksgerichten befinden, an das Landesarchiv eingeliefert würden.

²⁰) Die über dem Portale angebrachten Wappen sind jene der Domherren, welche zur Zeit der Vollendung des Gebäudes (1607) das Kapitel bildeten.

²¹) Im M. ist sowohl das Portrait des Erzbischofs Wolf Dietrich, wie auch jenes seiner Freundin. Auf der Rückseite des Letzteren steht: „Salome, Wilhelben Alts Tochter ist gebohren den 21. 9b. Anno 1568 im Zaichen deß Stainbochs."

²²) Salome Alt erhielt später für sich und ihre Kinder durch kaiserliches Diplom das Recht, das Prädikat: „von Altenau" zu führen.

²³) Die Gefangennahme wurde durch den Verrath des Postmeisters her-

beigeführt, welcher sich weigerte, den Erzbischof weiter zu führen. Im J. 1643 wurde dieser Postmeister während seiner Anwesenheit in Salzburg von einem Korporal erstochen und es blieb dieser Mord für den Thäter ohne alle Folgen.

24) Wohl unterliegt es keinem Zweifel, daß der Erzbischof Wolf Dietrich im sogenannten hohen Stock der Festung gefangen saß. Die Behauptung, daß demselben die Fürstenzimmer als Haftort angewiesen waren, ist eine Vermuthung, deren Begründung noch mangelt. Die eben nicht humane Behandlung, welche der Gefangene erfuhr, stellt es ebenfalls in Zweifel, daß Markus Sitticus, welcher, obgleich ein naher Verwandter Wolf Dietrichs, durch den Zeitraum von fünf Jahren den Gefangenen weder besuchte, noch sich sonst seiner annahm, ihm diese Prunkgemächer angewiesen hätte.

25) Im Resignations-Vergleich vom 17. November wurde unter Anderen festgesetzt: Jahrespension von 20.000 fl., eine Abfertigung von 10.000 fl., für Einrichtung 5000 fl.

26) Diese Kaserne war eine der ältesten Deutschlands und wurde im Jahre 1863 demolirt.

27) Die aus Anlaß dieser Feier geprägten Münzen sind in der Münzsammlung des M. vertreten.

28) Im Kassajournale von 1622 heißt es nur: Ihrer Kays. Majestät Ingenieure umb gemachte Pianta der Fortifikation auf die Stadt Salzburg lt. hochfftl. Decret 1400 fl.

29) Ein Bäcker im baierischen Dorfe Regen besaß ein Madonnenbild, welches bei dem Einfalle der Schweden im J. 1633 unversehrt blieb, obgleich das Haus vom Feinde in Asche gelegt wurde. Später kam dieses Bild in den Besitz der Pflegersgattin Argula von Grimming, geb. Ecker, welche solches in der Schloßkapelle zu Fürsteneck aufstellte. Bei späterem Wechsel der Fürstenecker Pflege wurde um das Eigenthumsrecht des Bildes gestritten, dieser Zwist aber dadurch beigelegt, daß dasselbe der Familie von Grimming zugesprochen und in der Fürstenecker Schloßkapelle eine Copie davon aufbewahrt wurde. Im Erbwege kam dieses Madonnenbild später an Rudolf von Grimming, der es nach Salzburg brachte und zur Aufstellung dieses Gnadenbildes den Plainer Berg wählte. Im J. 1653 ließ das Consistorium den Besitzer ersuchen, das in Rede stehende Bild an eine Kirche der Salzburger Diözese abzugeben. Doch der Besitzer nahm nun das Originalbild zu sich in das Schloß Melleck und setzte an dessen Stelle eine Copie. Rudolf von Grimming mußte 1655 wegen Schuldenmachens eine zweijährige Gefängnißstrafe erleiden; nach dieser Strafzeit begab er sich in die Gegend von Mößlwangen, wo er wieder sein Originalbild zur öffentlichen Verehrung ausstellte. Auf Veranlassung des Bischofs von Augsburg kam hierauf das Bild in die Pfarrkirche zu Mößlwangen, 1665 wurde es nach Augsburg gebracht und dort durch eine Reihe von 10 Jahren in einem Kästchen verschlossen aufbewahrt. Diesen Aufbewahrungsort erfuhr der Erzbischof erst zwei Jahre nachdem die Kirche Maria Plain schon ausgebaut und ein-

geweiht war, während welcher Zeit stets die früher erwähnte Copie daselbst aufgestellt war. Nun aber wendete sich Max Ganbolf um Erhalt des Originalbildes nach Augsburg und bekam es sogleich. Bald hierauf wurde die Copie durch das Originalbild ersetzt.

30) Zur Ausrüstung dieses Contingentes gehörten auch die beiden nun im M. aufgestellten Falkonetten, welche Erzbischof Johann Jakob Khuen von Belasy mit Bestandtbrief vom 24. März 1564 bei Hanns Christoffen Löffler, „Puechsengiesser zu Innsprugg" bestellte und die dieser Meister in der erzbischöflichen Gießhütte im Ronnthale verfertigte.

31) Es wurden Jubiläumsmünzen sowohl in Gold wie in Silber geprägt und sind deren in der Sammlung des M. eingereiht.

32) Aus jener Zeit stammen die vielen türkischen Schilde, welche die Wände des Waffensaales im M. schmücken, dieselben wurden von den erzstiftlichen Truppen in die Heimat gebracht und bis in die neueste Zeit in einem Saale der Festung aufbewahrt, von wo dieselben an den gegenwärtigen Ort kamen.

33) Die Stuccaturarbeiten dieser Kirche wurden den Gebrüdern Benno übertragen.

34) Zur Abhilfe dieses Uebelstandes ließ der Erzbischof durch Hofwagen die Kinder zur Schule abholen, dessenungeachtet konnte der Entfernung wegen kein geregelter Schulbesuch erzielt werden.

35) Es sollten nämlich die 7 Städte: Salzburg, Hallein, Radstadt, Laufen, Tittmoning, Mühldorf und Friesach je 2000 fl. beitragen, der Beitritt der letztgenannten Stadt erfolgte aber nicht, trotzdem wurde der Name der Stiftung beibehalten.

36) Sowohl große wie auch kleinere Münzen in Gold und Silber wurden geprägt und befinden sich solche in der Münzsammlung des M.

37) Dieses Schloß kam in neuester Zeit in den Besitz des Grafen Hugo von Lamberg.

38) Die Gestaltung des Ordenszeichens ersehen wir an der Büste des salzburgischen Obersten Prankh, welche im M. aufgestellt ist.

39) Dieser Erzbischof, welcher seines leutseligen Charakters wegen sehr beliebt war, pflegte an heiteren Sommerabenden auf einer der Steinbänke am Eingange des Residenzgebäudes zu sitzen und sich mit den Vorübergehenden auf das herablassendste zu unterhalten.

40) Münzen und Medaillen illustriren die verschiedenen Momente dieser wichtigen Begebenheit und wir finden eine Sammlung derselben ebenfalls im M.

41) Vor der Wahl fand man am Kapitelhause einen Maueranschlag mit den Worten: „Die Stadt und die Gemein Will nur den Dietrichstein!"

42) Die auf den Durchbruch des Sigmund- oder Neuthores geprägten Münzen sind in der Sammlung des M.

43) Die Geburtsstätte Mozarts ist im Hause Nr. 240, 3. Stock, in der Getreidgasse. Eigenthümer des Hauses ist Großhändler Angelo Saullich.

44) Von diesen seltenen Münzen besitzt das M. sowohl goldene wie silberne.

⁴⁵) Dieses Gut war im Besitze des hochfürstl. salzburgischen Hofrathes Anton Hermes, welcher als Reichstagsgesandter zu Regensburg 1711 starb. Durch Verzichtleistung der Kinder kam die Realität an die Wittwe Sofia Ehrentraub, geb. Cammerlohr von Weichingen, und diese verkaufte solche an Hofrath von Caspis, nach dessen Tode die Wittwe am 7. März 1771 dieses Gut an Hieronymus Graf Colloredo, Fürstbischof zu Gurk, um 4000 fl. käuflich überließ. Gegenwärtig ist Besitzer Dr. Hitschfeld.
⁴⁶) Von diesen Militär-Medaillen sind die verschiedenen Gattungen in der Münz- und Medaillen-Sammlung des M.
⁴⁷) Zwei Stück Pechpfannen, wie solche zur Stadtbeleuchtung gebraucht wurden, stehen im M.
⁴⁸) Diese Münzen sind vorhanden im M.
⁴⁹) Diese Alterthumsfunde beziehen sich auf die Ausgrabungen bei Loig, über welche Arbeiten ein getreues durch den Geometer Grenier angefertigtes Modell im M. steht.
⁵⁰) Semmeln aus jener Zeit bewahrt das M.
⁵¹) Die Gestalt des Schlosses vor dem Brande findet sich in schöner Mosaikarbeit im M.
⁵²) So wie sämmtliche auf dem Michaels- nun Mozartplatze gehobenen Mosaiken durch die kaiserliche Munificenz Eigenthum des M. blieben, so ist dort auch das Modell aufgestellt, an welchem die genauen Fundorte zu ersehen sind.

Druck von Anton Pustet in Salzburg.

www.ingramcontent.com/pod-product-compliance
Lightning Source LLC
Chambersburg PA
CBHW031348160426
43196CB00007B/780